A arte da empatia

a consideração ao próximo

A arte da empatia

a consideração ao próximo

Koichi Kimura

Tradução
Diogo Kaupatez

A arte da empatia — a consideração ao próximo
2016, Editora Satry Ltda.

Este livro foi originalmente publicado em japonês
pela Editora Ichimannendo com o título de *Omoiyari no kokoro*.

Copyright © 2013 by Koichi Kimura

Autor: Koichi Kimura
Tradução: Diogo Kaupatez
Ilustrações: Tomoko Ohta
Projeto gráfico e capa: Kazumi Endo
Revisão: Alice Mitsue Takase
Imagens de capa: Amanaimages

**CPI-Brasil. Catalogação-na-fonte
(Sindicato Nacional dos Editores de Livros)**

K62a
Kimura, Koichi, 1959-
     A arte da empatia: a consideração ao próximo /
Koichi Kimura; tradução Diogo Kaupatez.
— 1. ed. — São Paulo: Satry, 2016.
190 p. : il. ; 19 cm.

     Tradução de: Omoiyari no kokoro
     ISBN 978-85-65166-08-9

     1. Conto japonês. I. Kaupatez, Diogo. II. Título.

16-30793   CDD: 895.63
                                                    CDU: 821.521-3

Índice para catálogo sistemático:
1. Conduta de vida: Relações interpessoais: Filosofia oriental: Conto japonês 181

Todos os direitos reservados. Proibidos, dentro dos limites estabelecidos
pela lei, a reprodução total ou parcial desta obra, o armazenamento ou a
transmissão por meios eletrônicos e mecânicos, fotocópias ou qualquer
forma de cessão sem prévia autorização escrita da editora.

Editora Satry Ltda.
Rua Manuel de Paiva, 169, sala 4 – Vila Mariana
04106-020 – São Paulo – SP
www.editorasatry.com.br

SUMÁRIO

Prefácio 14

Parte 1

Lírio branco em céu azul 17

1. O naufrágio do Ertuğrul
   Os laços entre Japão e Turquia 18

2. Os boticários de Etchû
   Use antes e pague depois 23

3. O *home run* prometido
   O pedido de Johnny 27

4. O cochilo de Hidetada
   A arte de acobertar 30

5. O querido Hideyoshi
   Expresse sua alegria 33

6. O segredo do sucesso
   Não se queixe, trabalhe 36

7. A virtude de Hideyoshi
   Quando errado, peça desculpas sinceras 38

8. Amigos na decapitação
   A importância do objetivo comum 43

9. A medicina segundo Kôan Ogata
   Salvar vidas e nada além 47

10 Sanai Hashimoto
Transcender classes sociais 51

11 A guinada na vida do vendedor de nabos
Caso erre, reflita e corrija-se 54

12 A bifurcação entre a felicidade e a infelicidade
Os *hashis* do Inferno e os da Terra Pura..............................58

13 O segredo da Takashimaya
Herança de altruísmo 61

Parte 2

O perfume de *Ensaios no ócio*.. 65

Ensaios no ócio 1
Não feche a porta tão logo a visita saia 67

Ensaios no ócio 2
Mesmo em caligrafia feia, escreva as cartas de
próprio punho 69

Ensaios no ócio 3
Visita repentina sem anúncio prévio é tabu 71

Ensaios no ócio 4
Uma conversa que se concentra em si deixa o
outro descontente 72

Ensaios no ócio 5
Não fale maledicências e não desperdice
o tempo com boatos...74

Ensaios no ócio 6
Ser mais competente que os demais é um grande defeito 76

Ensaios no ócio 7
Preocupar-se com dias de bom ou mau agouro é superstição ...78

Ensaios no ócio 8
Não passe adiante rumores infundados
que inquietem as pessoas 80

Ensaios no ócio 9
O cuidado necessário para acabar com os erros 82

Ensaios no ócio 10
Mesmo difamado, alvo de risos, não se sente envergonhado
e se entrega aos estudos com empenho — este sim vai se
tornar um profissional de primeira classe 84

Ensaios no ócio 11
Um boneco de neve na primavera ou a vida humana,
qual dura mais? 86

Ensaios no ócio 12
Será que a fama traz felicidade? 88

Ensaios no ócio 13
Ao decidir algo, coloque em prática de imediato
e sem hesitação 90

Ensaios no ócio 14
Fugir da morte por não gostar dela não é solução......................92

Parte 3

Um milhão de cosmos 95

1   O encontro entre Bashô e a filha devota aos pais
    O sentimento de retribuir a dívida de gratidão aos
    pais supera a beleza das flores de cerejeira 96

2   A advertência de Sen-no-Rikyû
    Imitar por imitar é deplorável. Cultive seus
    talentos pessoais 99

3   O espírito de Katsushika Hokusai
    Mesmo prejudicando a si, valorizou a confiança
    do povo japonês 102

4   A recuperação da comunidade rural feita por
    Kinjirô Ninomiya (1)
    A compreensão e o afeto da sua esposa possibilitaram a
    Kinjirô seus feitos históricos 106

5   A recuperação da comunidade rural feita por
    Kinjirô Ninomiya (2)
    Maior que a terra infértil é a dificuldade de lavrar
    o coração das pessoas 110

6   A recuperação da comunidade rural feita por
    Kinjirô Ninomiya (3)
    Repreendeu os vassalos: "A manutenção dos seus
    cargos é mais valiosa que a vida humana?" 115

7   Konosuke Matsushita e a lendária conferência
    em Atami
    Enquanto se pensa "O outro é ruim", não importa o
    quanto se argumente, não se chega a lugar algum 120

8   YKK e Tadao Yoshida (1)
    "Sem considerar o benefício do próximo, não se prospera."
    As palavras de Carnegie são um guia para a vida 124

9   YKK e Tadao Yoshida (2)
    Praticou o princípio de sempre considerar o
    próximo e se tornou magnata dos zíperes 129

10 Cartas são um diálogo entre corações
    Tolstói, que se emocionou com as cartas do estudante 136

11 Millet e a luta contra a pobreza
    Por trás do resgate do famoso pintor da miséria, a
    gentil mentira de um amigo 138

12 O homem que errou e acabou promovido
    Ao jovem que pediu desculpas sinceras
    — "Cochilei" — o daimiô confiou importantes tarefas 141

13 O jardineiro anônimo e o pintor mais famoso
    do Japão
    Fazer com os pés o que deveria ser feito com as
    mãos é indigno de confiança 143

14 A origem de *mottainai*
    O belo Ananda, que recebeu a doação de roupas de
    quinhentas mulheres 146

15 Saya e Anathapindada
    Ao abrir um sorriso, o espírito se amacia e as pessoas
    ao redor também se tornam agradáveis 149

16 A construção do templo Jetavana
    "Poderia construir sozinho, mas optei por receber a
    ajuda de muitas pessoas" 155

Parte 4

Flores multicoloridas florescem nos campos.................. 159

  1 O presente do meu marido
     Leitora de 39 anos, província de Fukui 160

  2 Gentileza de um estranho
     Leitora de 26 anos, província de Chiba 161

  3 Sentimentos de consideração e gratidão
     Leitora de 61 anos, província de Shizuoka 162

  4 Mamãe, não chore
     Leitora de 31 anos, província de Kanagawa......................163

  5 Amigo nas horas difíceis
     Leitor de 15 anos, província de Ibaraki...............164

  6 Memórias da alameda das cerejeiras
     Leitora de 41 anos, província de Saitama..............165

  7 Crianças: nosso maior tesouro
     Leitora de 63 anos, província de Osaka..............166

  8 Quanta gentileza num só dia
     Leitora de 36 anos, província de Aichi...............167

  9 Portal da felicidade: sorriso e palavras meigas
     Leitora de 41 anos, província de Miyagi 168

 10 Forças que emanam de um gesto cortês
     Leitora de 62 anos, província de Oita 170

11 O encontro maravilhoso num dia de nevasca
    Leitora de 32 anos, província de Hiroshima 171

12 Pequenos gestos de solicitude
    Leitor de 59 anos, província de Yamagata 172

13 Gentileza de duas crianças
    Leitora de 26 anos, província de Fukushima 174

14 O remédio mais eficaz
    Leitora de 50 anos, província de Nagano 175

15 Lágrimas de alegria
    Leitora de 29 anos, província de Tochigi 176

16 Minha filha favorita
    Leitora de 65 anos, província de Fukushima 177

17 Confiança, a melhor terapia
    Leitora de 47 anos, província de Aichi 179

18 A consideração do taxista
    Leitora de 62 anos, província de Gifu 180

19 O incentivo
    Leitora de 15 anos, província de Shizuoka 181

20 O remédio mais incrível do mundo
    Leitora de 30 anos, Tóquio 182

21 O pequeno bilhete alivia a dor do coração
    Leitor de 66 anos, Quioto 183

22 Gesto de cortesia
   Leitora de 40 anos, província de Ehime 185

23 Que família maravilhosa!
   Leitor de 64 anos, província de Nagano 186

24 A consideração do professor
   Leitor de 73 anos, província de Gunma 187

Chame e eis um chamado,
silencie e eis o silêncio.
É o eco.
Sorria você
e todos sorrirão.

Prefácio

Certa ocasião, um jovem casal visitava a Disneylândia de Tóquio. Entraram em um dos restaurantes e pediram um prato do menu *kids*. O rapaz que os atendia ficou confuso: onde estava a criança, afinal? As normas eram claras — e conhecidas do grande público — quanto à proibição da venda do menu *kids* para adultos.

— Olha, os senhores vão me desculpar, mas...
Nesse instante, reconsiderou.
— ...mas, para quem seria o prato?
Cabisbaixa, a esposa respondeu:
— Para nossa filha morta.
— ...
— Durante muitos anos, não conseguimos conceber uma criança. Seguimos tentando e acabamos abençoados com uma menina linda, linda e frágil. Pouco tempo depois ela morreu, sequer esperou para comemorar seu primeiro aniversário. Hoje faz um ano que ela se foi...
— Sinto muito...
— Sonhávamos com o dia em que ela conheceria a Disneylândia, mas, fazer o quê? Não foi possível. Que ao menos trouxéssemos a filha que agora vive em nossos corações. Por alguns momentos, acreditamos que ela realmente estivesse conosco e pedimos o menu *kids* sem querer, desculpe.

O sorriso voltou ao rosto do rapaz.

— Certo, pedido anotado: menu *kids*! Por favor, me acompanhem — disse, e transferiu o casal para uma mesa de quatro lugares. Em seguida, trouxe uma cadeira infantil.

— Você senta aqui — indicou à suposta criança. — Fiquem à vontade. Divirtam-se! — e retirou-se alegre.

Ao retornarem para casa, escreveram ao restaurante.

Almoçamos entre lágrimas, em uma verdadeira reunião em família, como se nossa menina vivesse. Obrigado.

No gesto do rapaz, a síntese da consideração. Para ele, talvez não passasse de boas maneiras, mas como o mundo seria outro se todos agissem da mesma forma!

Em março de 2011, um grande terremoto assolou a costa leste do Japão e as consequências foram devastadoras. Todos pararam para refletir e reconsiderar seus valores. O que é realmente precioso nesta vida? O progresso da ciência trouxe felicidade? A modernização de portos e cidades proporcionou paz de espírito? O desenvolvimento econômico e o crescimento da indústria tornaram as pessoas plenas? Os bens materiais, tão cobiçados, foram arrastados pelo *tsunami* como em um filme. De saldo, restaram destroços.

Claro, tudo poderia ser reconstruído e, com muito trabalho, recomprado. Porém, e quando houvesse novos tremores e ondas gigantescas? Não se, mas *quando*. A insegurança permanecia.

O que poderia consolar tamanha tristeza e ansiedade era a consideração ao próximo. Logo após o terremoto, em todo o Japão invocou-se o *kizuna*, o laço que une os seres humanos. Até que ponto o *kizuna* se afrouxara ao longo das décadas em prol de sentimentos egoístas e passageiros?

Kamakura (1185-1333), Azuchi-Momoyama (1573-1603), Edo (1603-1868)... Mesmo entre os habitantes das eras passadas, desfavorecidos pelos confortos da sociedade moderna, o sentimento de consideração era importante. Não seria o momento de reavaliar o que realmente importa e construir uma sociedade cordial, altruísta e complacente?

Março de 2013
Koichi Kimura

PARTE 1

Lírio branco em céu azul

1

O naufrágio do Ertuğrul
Os laços entre Japão e Turquia

Em 16 de setembro de 1890, os cerca de seiscentos tripulantes da fragata turca Ertuğrul foram surpreendidos por um tufão próximo à ilha de Ôshima. Ondas colossais brincaram com o navio até a noite, quando perderam o interesse e o descartaram contra os recifes da costa de Kashinozaki. Sob enfurecida tormenta, o Ertuğrul explodiu e naufragou, e sua tripulação se descobriu na escuridão absoluta do mar.

Alguns nadaram e alcançaram a costa; destes, quem ainda tinha forças caminhou em direção à luz projetada do desfiladeiro junto ao mar. Ainda surpreso pelas batidas na porta, o faroleiro descobriu nove estrangeiros ensanguentados e seminus.

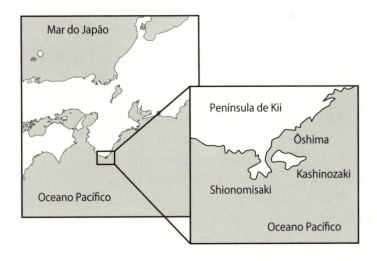

As palavras eram um enigma, mas não as evidências. Ofereceu os primeiros socorros e se precipitou em busca de ajuda na aldeia próxima, já sobressaltada com a insólita explosão. Ressabiados, os camponeses descobriram os estrangeiros prostrados na praia. Regressaram e o povoado foi posto em estado de alerta: em um só corpo, os homens partiram em missão de resgate. Semiconscientes e hipotérmicos, os feridos foram carregados para a escola e o templo.

— Rápido, tirem suas roupas!

Os aldeões deitaram os náufragos sobre *futons* e, em turnos, trataram de restabelecer suas temperaturas com os próprios corpos. Ôshima era uma ilha isolada e o vilarejo, afastado — contava, se muito, com algumas centenas de casas. A falta de remédios foi compensada com a vigília constante dos médicos e a insuficiência de provisões, com o acesso ao fundo de emergência, que continha de galinhas a batatas-doces.

Ao final, os 69 náufragos resgatados sobreviveram.

Em quatro dias, um navio aportou em Ôshima e transferiu os estrangeiros para um hospital em Kobe. Recuperados, foram conduzidos à Turquia.

O diálogo entre japoneses e turcos foi, se muito, superficial. No entanto, quão profundo o laço estabelecido!

Quase um século depois, quem esperaria a retribuição de tão remota gentileza?

***

17 de março de 1985. A Guerra Irã-Iraque[1] se intensificava e, num repente, Saddam Hussein (1937-2006) decretou que, em 48 horas a partir daquele instante, o céu iraniano se tornaria zona de exclusão aérea — todos os aviões seriam considerados inimigos e, assim, abatidos. A

---

1 Conflito iniciado em 1980, com a invasão do Irã por parte do Iraque, e encerrado em 1988.

sentença instaurou pânico nos cerca de quinhentos japoneses em Teerã. Caso permanecessem no país, as chances de serem engolidos pela guerra eram altas.

Era necessário escapar, e rápido. No entanto, onde encontrar um avião disposto a embarcá-los? Por se tratar de um estado de emergência, todos os assentos das companhias aéreas estavam previamente ocupados por cidadãos dos respectivos países de origem. As companhias aéreas nipônicas não operavam em céus iranianos, e não havia uma aeronave sequer que priorizasse os japoneses.

No dia 18 seguinte, aproximadamente metade dos japoneses aglomerados no aeroporto conseguiu, com muita dificuldade, embarcar.

Restavam menos de 24 horas, e nenhum avião decolara do Japão em missão de resgate. "O Ministério do Exterior demorou em tomar providências", "As companhias aéreas locais se recusaram por motivo de segurança". Muito se especulou, mas fato era que mais de duzentos japoneses foram abandonados em área de risco.

Enquanto se apontavam culpados, uma aeronave turca cortou os céus do Irã e resgatou os perplexos japoneses.

***

Por quê?

A resposta estava no naufrágio do Ertuğrul há mais de um século. Os turcos jamais esqueceram a gentileza e consideração recebidas dos japoneses na ocasião: o acontecimento consta em livros de História e, mesmo entre as crianças, não há quem desconheça esse evento transmitido por gerações.

Mesmo sem comunicação verbal, espíritos cordiais e amáveis são capazes de emocionar de forma profunda e duradoura. Se todos forem capazes de considerar o próximo e valorizar a vida, a exemplo dos habitantes de Ôshima, a harmonia prevalecerá no mundo.

O naufrágio do Ertuğrul é um episódio para guardar no coração.

2

Os boticários de Etchû

Use antes e pague depois

Os boticários ambulantes de Etchû[2] são bastante conhecidos no Japão. Lembro com saudades dos meus tempos de menino, quando o boticário aparecia na porta de casa e me dava um balão quadrado de papel que eu e meu irmão tratávamos de destruir brincando de peteca.

A venda de remédios de Etchû retrocede três séculos, desde o período Edo, quando os médicos eram raros e as estradas, precárias. Os boticários distribuíam os produtos sem distinção de classe social, sob o lema "use antes e pague depois". A cada família era confiado, sem ônus, um conjunto de medicamentos. O boticário retornava seis

---

2 Atual província de Toyama. Para fins de coesão, o nome Etchû foi mantido em todo o texto.

meses a um ano depois e recebia apenas por aquilo que foi utilizado. Para os consumidores, não havia acordo melhor. A transação era possível graças à confiança e espírito de cooperação mútua.

***

O comércio de remédios de Etchû surgiu em 1690, por ocasião de um incidente ocorrido no Castelo Edo em que Terusue Akita (1649-1720), daimiô de Miharu, foi atacado por fortes dores abdominais. Calhou de estar presente Masatoshi Maeda (1649-1706), daimiô do feudo de Toyama, que o convenceu a ingerir uma pílula *hangontan* contra mal-estar. A dor imediatamente passou.

— Ah, esse remédio milagroso precisa ser comercializado em nossos domínios! — solicitaram os demais daimiôs presentes. Desde então, os boticários ambulantes de Etchû passaram a oferecer seus produtos de norte a sul, do feudo de Matsumae ao feudo de Satsuma[3].

A colonização de Hokkaido foi intensa durante a era Meiji (1868-1912), com grande número de migrantes de Honshû, a ilha principal do Japão. Devido ao trabalho excruciante — o desmatamento das florestas virgens era ininterrupto —, a maior preocupação dos pioneiros era cair doente. No entanto, lá estavam os boticários de Etchû

---

3 Atuais Hokkaido e Kagoshima.

atendendo até os recônditos daquele território recém desbravado. Consta nos *Registros do vilarejo de Tôya* que "A venda de remédios jamais poderia ser resumida — e subestimada — a um simples comércio. Os boticários de Etchû conviviam com os colonos, compartilhando seus sofrimentos e objetivando tão somente seu bem-estar".

Em 1978, o jornal *Kitanippon* publicou um artigo intitulado "Use antes e pague depois: os boticários de Etchû e a distribuição de medicamentos", onde constavam entrevistas com os antigos ambulantes de Hokkaido.

> 1930 e 1931 foram anos difíceis. As colheitas foram péssimas e os camponeses, que já eram pobres, ficaram na miséria. Essa situação afetou a todos: nas visitas de reposição, eu olhava os rostos famintos das crianças e não tinha coragem de cobrar. "Não se preocupe, não precisa pagar. Cuide dos seus filhos que eu me arrumo, tenho um arrozal e ele me mantém", mentia. Então, reabastecia os remédios e seguia viagem. Havia os que caminhavam sorridentes cantando a balada folclórica *Etchû owarabushi* para animar um pouco os camponeses, os que mandavam trazer arroz para distribuir às famílias e mesmo os que venderam seus campos cultivados em Etchû para continuar fornecendo medicamentos.

Em 1932, os camponeses se viram compensados com fartas colheitas e, no momento de quitar as dívidas, a maioria priorizou os distribuidores de remédios. Um agricultor decidiu não esperar a visita do boticário e foi à sua hospedaria pagá-lo e agradecer o apoio.

***

"Cliente é parente", diziam os boticários. Sem um espírito de confiança mútua, seu ofício seria inviável. É impossível quantificar as pessoas cuja saúde física e mental foram amparadas pelos anônimos vendedores ambulantes de remédios de Etchû.

3

O *home run* prometido
O pedido de Johnny

Talvez o jogador mais famoso da história do beisebol seja Babe Ruth (1895-1948), idolatrado por suas proezas no New York Yankees e por seus 714 *home runs*, recorde que permaneceu imbatível durante 39 anos. Ruth alimentava os sonhos de muitas crianças, e um deles resultou no famoso episódio do *home run* prometido.

***

Os Yankees venceram a Liga Americana[4] em 1926. Em Nova Iorque, Babe Ruth se preparava para enfrentar os

---

[4] Liga profissional de beisebol norte-americana.

St. Louis Cardinals no dia seguinte pelas World Series[5] quando recebeu o telefonema de um estranho, pai de um menino de 11 anos vítima de uma doença incurável de causa desconhecida.

— Meu Johnny está preso a uma cama com doença nas costas. Os médicos tentaram de tudo e não há mais esperanças. A única alegria do menino é escutar seus jogos pelo rádio, senhor Ruth. Ele lê todos os artigos a seu respeito nos jornais, recorta e cola em um álbum, é seu fã número um. Sei que é abusar da sua boa vontade, mas será que poderia lhe mandar uma bola autografada?

Era o pedido descabido de um pai que, para animar o filho, abria mão de qualquer bom senso.

— Está certo. Hoje à tarde passo por aí para visitar o Johnny — respondeu Ruth.

O pai se espantou. De Nova Iorque a Nova Jérsei, onde o menino estava internado, eram pelo menos três horas. Além disso, no dia seguinte começariam as finais.

No instante em que a porta do quarto se abriu, Johnny ficou boquiaberto: o grande astro das fotografias estava na sua frente. E ainda trouxera de presente bastão, luva e bola!

— É para você jogar com seus amigos. Então, trate de ficar bom logo — encorajou-o. — Mais alguma coisa que possa fazer por você, garoto?

---

5 Disputada entre os campeões da Liga Americana e da Liga Nacional para determinar o campeão absoluto da temporada.

— ... Rebata um *home run* para mim... — pediu Johnny num fio de voz. Afagando sua cabeça, Ruth respondeu:

— Pode deixar, garoto. Em troca, você me promete vencer a doença, fechado?

No dia seguinte, quando Ruth rebateu um *home run* para o lado direito do campo, Johnny, os ouvidos atentos à transmissão, só faltou pular de alegria.

— Ele cumpriu a promessa! Agora é a minha vez.

A esperança se insinuara no coração do menino. Durante as World Series, Ruth rebateu quatro *home runs* e, cada vez que a bola rasgava o céu em direção às arquibancadas e os gritos da torcida reverberavam no quarto, o corpo de Johnny se fortalecia. Todos ao redor se admiravam.

Ao transformar seu estado de espírito, Johnny apresentou uma recuperação surpreendente. Aos poucos, conseguiu ficar de pé, caminhar e até voltar a frequentar a escola. Superara a doença por completo.

***

Uma palavra de encorajamento fortalece e ajuda a seguir em frente. Às vezes, chega a salvar vidas.

Em seus momentos finais, quando se encontrava doente e acamado, dizem que Babe Ruth recebeu a visita de Johnny.

4

O cochilo de Hidetada

A arte de acobertar

Certa ocasião, o xógum Hidetada Tokugawa (1579-1632) convocou seu servo Noma.

— Como recompensa por seus longos anos de serviço, gostaria de homenageá-lo com um jantar.

Noma era um sujeito parvo de brilho opaco, porém muito íntegro e leal cumpridor do que lhe era ordenado. Por isso, Hidetada depositava nele profunda confiança. Para o servo, não havia honra maior. No entanto, assim que se viu à mesa com o xógum, tremia como vara verde.

Foi-lhe trazida uma tigela com excelente sopa de grou, mas Noma permaneceu paralisado.

— Por favor, sirva-se — convidou Hidetada.

Em deferência, Noma segurou a tigela alto, mas tão alto, que esta desequilibrou e derramou sobre sua cabeça.

— Quente, quente! — exclamou Noma enquanto o líquido escorria por sua nuca e costas. Como assumir tamanho erro diante do seu senhor? Aguentando estoicamente a dor, olhou receoso na direção de Hidetada, que estava com a bochecha encostada na bainha e ressonava. O xógum dormia!

Os serviçais logo trouxeram nova tigela de sopa da cozinha.

— Aqui, aqui, pegue.

Quando Noma por fim se recompôs e começou a tomar a sopa, Hidetada abriu os olhos e disse com ar ausente:

— Hum, acho que cochilei. Que coisa, deve ser cansaço acumulado, desculpe. Mas me diga, Noma, a sopa está saborosa? Fui eu mesmo quem caçou o grou!

Hidetada sabia que, de conduta irrepreensível, Noma jamais conviveria com tamanho erro protocolar e acabaria cometendo suicídio ritual. Dessa forma, fingiu dormir.

— Está muito boa, senhor, muito boa mesmo! — conseguiu responder. Tocado pela profunda compaixão do xógum, Noma prostrou-se e rompeu em lágrimas.

Além de Hidetada, é comovente a consideração dos serviçais, que subentenderam a intenção do xógum, trocaram a tigela de sopa e, assim, ocultaram a falha cerimonial. Mesmo no período feudal, em que a estratificação social era rígida, existiram episódios de extrema cordialidade.

Caso presencie deslizes de amigos ou colegas de trabalho, não ria ou zombe: aproveite a oportunidade para construir uma relação baseada no afeto.

> *Não critiquemos*
> *quem derrapa*
> *nas próprias falhas,*
> *visto que despencamos*
> *nas nossas.*

5

O querido Hideyoshi

Expresse sua alegria

Expressar o que se traz no coração requer um esforço para manifestar os sentimentos em palavras e gestos, do contrário eles permanecerão enterrados e ignorados pelos demais. Um exemplo a ser seguido é o de Hideyoshi Toyotomi (1537-1598).

***

Nobunaga Oda (1534-1582) ordenara a conquista de toda a região, desde os territórios de Harima a Tajima, e Hideyoshi fora ao Castelo Azuchi informar seu senhor da vitória inconteste. Nobunaga partira para Mikawa e se encontrava ausente, porém deixara a Hideyoshi um presente excepcional do seu tesouro particular: uma rara *otogoze*, chaleira redonda de metal utilizada em cerimônias do chá.

Ryôtarô Shiba descreve a reação do daimiô em *Registros históricos inéditos de Hideyoshi Toyotomi*:

> Hideyoshi aproximara-se. "Uau, esta *otogoze* é para mim?!", berrou. Então, pôs-se de pé, colocou a pesada chaleira debaixo do braço esquerdo, ergueu o direito com o indicador apontando o céu e executou uma dancinha. Hideyoshi era um homem que expressava sua alegria de forma exagerada, e os guardas do Castelo Azuchi acabaram contaminados pela felicidade do daimiô. "Que engraçado o senhor Hideyoshi", disseram.

Ao ser informado da reação do vassalo, Nobunaga certamente daria tapas no joelho e bateria palmas de satisfação. "Num futuro próximo, farei outra gentileza a ele", pensaria de forma espontânea. O modo natural de manifestar sua gratidão fez Hideyoshi conquistar a confiança daqueles ao redor e se tornou base para sua sobrevivência no turbulento período das guerras civis.

***

A bajulação, quando descarada, é motivo de constrangimento. Por outro lado, não há quem não aprecie um agradecimento franco. Ao presentear alguém e testemunhar sua alegria sincera, também nos sentimos felizes. Nas refeições, em vez de simplesmente comer em silêncio e transformar a ocasião em algo banal, elogie a pessoa que cozinhou — você não faz ideia do quanto isso a alegrará.

Esforçar-se para expressar a gratidão em gestos ou palavras é importante para conservar as relações humanas.

6

O segredo do sucesso

Não se queixe, trabalhe

O fato ocorreu quando Nobunaga Oda ainda governava o feudo de Owari e Hideyoshi Toyotomi recém se tornara seu vassalo. Certa vez, Nobunaga lhe disse:

— Vou lhe nomear Magistrado da Lenha. Durante um ano, você será responsável pelo abastecimento de lenha e carvão do castelo. Entendido?

No dia seguinte, Hideyoshi já arregaçava as mangas: estimou a quantidade de lenha necessária para acender uma fogueira, fez um levantamento de todos os braseiros existentes no feudo e foi de casa em casa instruir os moradores sobre os métodos mais eficazes e econômicos.

Naquele ano, os gastos com materiais combustíveis diminuíram em um terço, o que deixou Nobunaga extremamente feliz.

— Designá-lo Magistrado da Lenha foi o mesmo que colocar um cavalo de raça para puxar uma carroça. Seu talento excede a função.

****

Caso receba uma tarefa pouco promissora ou inferior à sua competência, é provável que nasça em seu íntimo a insatisfação. "Coisa mais ridícula...", "Por que logo eu tenho que fazer isso?...". Caso trabalhe resmungando, é impossível obter um resultado satisfatório. Além disso, o descontentamento se estampa no rosto e nos gestos, o que compromete o ambiente e abala a confiança dos superiores.

Não importava a tarefa que lhe fosse designada, Hideyoshi a cumpria de corpo e alma, o que lhe garantiu inúmeras promoções de Nobunaga. Na história do Japão, não há exemplo maior de êxito.

Posteriormente, o comandante Josui Kuroda (1546-1604) perguntara a Hideyoshi — que então já subjugara todo o território japonês — qual o segredo de tamanho sucesso.

— Não existe mágica. Não se agarre ao passado nem anseie o futuro. Concentre-se em viver o presente com todas as forças — respondeu.

Parece banal, mas são poucos os que colocam esse preceito em prática. Por isso, são raros os que obtêm sucesso.

7

A virtude de Hideyoshi

Quando errado, peça desculpas sinceras

— Caso seja repreendido por um erro, jamais azede o rosto. Aprenda a aceitar críticas — foi o que Hideyoshi sempre colocou em prática. Trata-se de uma postura admirável, destacada em grande número de biografias do daimiô. Uma cena de *Narrativas da conquista das províncias*, de Ryôtarô Shiba, é particularmente impressionante.

***

Vassalos de Nobunaga Oda, cabia a Hideyoshi Toyotomi e Mitsuhide Akechi (1528?-1582) guardar Ômi, região em torno do lago Biwa. Mitsuhide também fora incumbido da construção de um castelo em Sakamoto, área vizinha a Karasaki.

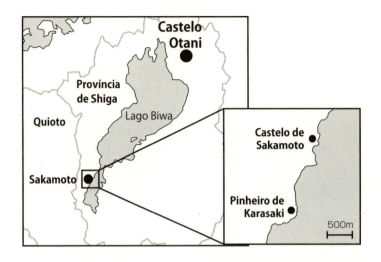

"Karasaki, Karasaki..." Certo dia, Mitsuhide acompanhava o avanço das obras quando recordou: claro, a Karasaki de beleza incomparável, presente nas antologias de poesia clássica *Kokinwakashû* e *Shinkokinwakashû*! Porém, nada restara da glória de outrora, nem mesmo o antigo pinheiro imortalizado em versos. Karasaki agora era uma terra devastada.

Mitsuhide decidiu: plantaria um novo pinheiro no local e, assim, restituiria sua reputação. Procurou nos arredores uma árvore que lhe parecesse adequada, encontrando a candidata ideal na face norte do lago Biwa. Contudo, aquele era território inimigo.

Mitsuhide solicitou apoio militar de Hideyoshi e elaborou uma estratégia para desenraizar e transportar o pinheiro, executada com sucesso. Entretanto, no instante em que embarcava a árvore, um tiro ecoou à distância. Tratava-se das tropas de Nagamasa Azai, daimiô do castelo Otani. As tropas de Hideyoshi responderam de pronto e, em poucas horas, o adversário batera em retirada. Como esperado, houve baixas nos dois lados.

— Imbecis! Idiotas! — gritou Nobunaga ao saber do confronto ocorrido à sua revelia e imediatamente despachou dois mensageiros com reprimendas severas.

> Algum tempo depois, o emissário enviado a Hideyoshi retornou.
>
> — Hideyoshi se mostrou bastante envergonhado e afirmou que a única solução seria o suicídio ritual. Ficou de joelhos na direção em que se encontrava o senhor e fez reverências profundas, encostando a testa no chão. Tive que contê-lo para que não se desentranhasse ali mesmo — relatou.
>
> — Ah, imagino a cena. Aquele macaco velho! — disse Nobunaga e gargalhou. Em seguida, foi presenteado com frutos do mar e vegetais de Ômi, cortesia de Hideyoshi.
>
> Mais tarde, o mensageiro enviado a Mitsuhide regressou.
>
> Mitsuhide explicou o quanto o pinheiro era celebrado em poemas antigos e que, ao ressuscitar sua fama, estaria multiplicando a popularidade do senhor, lorde Nobunaga. Afirmou que cada galho da árvore atestaria sua bondade e a copa seria um eterno símbolo do seu imenso poder. Justificou ser a atitude correta.

— Então ele se considera em posição de me dizer o que é o certo e errado?! — elevou a voz furioso. O argumento de Mitsuhide era capcioso ao ponto de ser desprezível e, como esperado, sua retórica não veio acompanhada de nenhum presente.

"Sujeitinho...", pensou Nobunaga.

***

Quando errado, peça desculpas sinceras. Não importa a razão estar ao seu lado, caso seu gesto importune os demais, retrate-se com palavras e atitudes. Se o seu arrependimento for legítimo, ele se tornará solo fértil para obter ainda mais a confiança das pessoas.

Talvez não houvesse insubordinação nas ações de Mitsuhide e sua intenção fosse somente justificá-las. Mesmo assim, enfureceu Nobunaga. Seu maior problema estava na incapacidade de admitir o próprio erro. Quando se pede perdão por mera formalidade, o outro nada escuta além de evasivas. E o fato de se achar incompreendido torna o indivíduo amargo e ressentido, prenúncio da sua ruína.

Em 1582, Mitsuhide iniciou um golpe de estado e assassinou Nobunaga no templo Honnô. Cheio de si, buscou instaurar um novo governo, porém simplesmente não havia colaboradores suficientes para apoiá-lo. Em meio a conflitos no Castelo Takamatsu, em Bitchû,

Hideyoshi marchou para a capital, engalfinhando-se com o exército de Mitsuhide em Yamazaki, região localizada entre Osaka e Quioto.

A vitória de Hideyoshi foi estrondosa. Após meros onze dias, o governo de Mitsuhide entrou em colapso. Na disputa subsequente pela sucessão de Nobunaga, Hideyoshi rapidamente expandiu sua área de influência e estabeleceu o governo Toyotomi, tornando-se *kanpaku*, conselheiro-chefe do imperador, e mudando-se para o magnífico Castelo Osaka.

Era o novo comandante do Japão.

8

Amigos na decapitação

A importância do objetivo comum

As relações humanas são complicadas. Se um funcionário é bem avaliado, logo nasce a inveja nos colegas. Trata-se de um reflexo quase instintivo. Assim, de que forma manter a harmonia?

***

Há 2.300 anos, sete reinos disputavam a supremacia do território chinês: Qi, Yan, Zhao, Chu, Wei, Han e o todo-poderoso Qin.

Graças aos esforços de duas figuras eminentes, Lian Po e Lin Xiangru, Zhao resistia às constantes investidas de Qin. Cabia a Lian Po comandar os exércitos, enquanto Lin

Xiangru exercia a diplomacia entre os reinos. Favorito do monarca, Lin Xiangru subiu na hierarquia de forma meteórica e, num piscar de olhos, suplantara Lian Po.

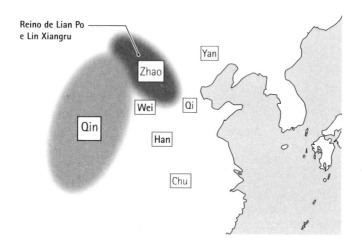

— Durante longos anos arrisquei a vida em batalhas e acabei promovido a general. Para quê? Aquele sujeito, cujo único mérito é a lábia, agora é meu superior. Ridículo. Ele que me aguarde — disse amargo.

Ao se inteirar da ameaça, Lin Xiangru passou a evitar Lian Po de todas as formas possíveis. Lian Po confirmava presença em uma reunião? Lin Xiangru faltava por motivo de doença. Se o veículo de Lian Po aparecesse na mão oposta, no mesmo instante Lin Xiangru se metia em uma estrada secundária. Era tão ostensivo que Lin Xiangru passou a ser chamado de covarde.

— Desculpe-nos, senhor, mas isso já é demais. Nem o mais reles cidadão faria algo tão vergonhoso — impacientaram-se seus vassalos. — Não conseguimos entender a sua atitude. Pedimos que nos dispense.

— Não tenho medo do general Lian Po — replicou Lin Xiangru. — O que receio é a destruição do reino. Por que acham que o exército poderoso de Qin ainda não tomou de assalto um país pequeno como o nosso? É por temer o poder da nossa união. Caso eu me encontre com Lian Po, seu ressentimento é tamanho que o desfecho será a morte de um de nós, e isso seria a ruína de Zhao. Assim, escolho engolir o orgulho e me esconder.

As palavras de Lin Xiangru chegaram aos ouvidos de Lian Po.

— Chafurdei em sentimentos medíocres e quase desgracei o reino. Só me resta a penitência — disse e foi imediatamente à casa de Lin Xiangru, desnudo da cintura para cima e chicote de espinhos nos ombros, como um criminoso.

— Peço que me açoite, embora isso nada seja frente às humilhações que o fiz passar.

— Não há o que perdoar — respondeu Lin Xiangru. — Nosso objetivo é o mesmo, voltemos a unir forças.

Em seguida, os dois juraram fidelidade eterna, mesmo sob a lâmina de uma espada. Desde então, quando duas pessoas se unem em um laço de amizade profunda, diz-se que são amigos na decapitação.

***

Como uma desavença que poderia derramar sangue se transformou em tamanha amizade? É a força que emana do propósito comum, existente em nações, empresas, famílias e relações interpessoais.

Sempre deve haver um objetivo comum mediando as partes. Caso este inexista ou seja esquecido, cada qual passa a pensar em si próprio e a priorizar o que lhe for conveniente, e isso suscitará conflitos. Quando deixamos de lado o egoísmo e consideramos a felicidade alheia, também nos tornamos felizes.

> *Não presuma*
> *ser o perdedor*
> *um fraco,*
> *pois apenas os fortes*
> *suportam a derrota.*

9
A medicina segundo Kôan Ogata
Salvar vidas e nada além

Kôan Ogata (1810-1863) foi o celebrado médico fundador da escola Tekijuku, que reuniu e instruiu jovens prodígios de todo o país que formaram parte da liderança que conduziu o Japão do período feudal para a restauração Meiji.

***

Kôan nasceu em uma família samurai, os Ashimori do feudo de Bitchû. Aos 13 anos, testemunhou a primeira grande epidemia de cólera em território japonês — vinda da Coreia, ela cruzou a ilha de Tsushima e espalhou-se por Kyûshû e pela região oeste de Honshû. Em Osaka, os infectados morriam em 72 horas e a doença passou a ser chamada de "A Morte dos Três Dias". Em todo o país, mais de 100 mil pessoas sucumbiram. Quando alguém morria, logo infectava o ambiente à sua volta e, ao final, o saldo era de três a cinco cadáveres. A medicina tradicional de então, fundamentada na fitoterapia, mostrava-se ineficaz e a passividade dos médicos japoneses indignava Kôan. Foi quando decidiu se tornar médico.

No entanto, Kôan era de clã samurai e seu pai jamais consentiria que tomasse outro caminho que não o do guerreiro. Assim, aos 17 anos, escreveu-lhe uma carta de despedida e fugiu para Osaka. A carta ainda existe.

> Pai, saiba que sou eternamente grato por tudo que fez por mim. Quisera poder lhe retribuir um milésimo que fosse, mas sou um filho negligente. Quero estudar medicina, pai. Daimiôs ou sábios, todos se veem impotentes diante da doença. Desejo me tornar médico para salvar o maior número de vidas possível. Meu medo era que, ao fazer essa escolha, eu decepcionasse o senhor e a mãe. Por um longo tempo, hesitei. Porém, caso considerasse apenas as suas expectativas, viveria uma vida medíocre. Decidi estudar com muito empenho e ser médico. Peço que entenda.

Tamanho entusiasmo e sinceridade tocaram o pai, que foi até Osaka para tranquilizar o filho e dizer que estudasse sem culpa.

No período Edo, vigorava uma política restritiva em que o intercâmbio com o estrangeiro era severamente monitorado. Dentre os países europeus, o comércio era permitido somente à Holanda, de forma que no Japão o conhecimento adquirido do Ocidente ficou conhecido como *rangaku*, estudos holandeses. Para conhecer e se aprofundar na medicina ocidental, Kôan iniciou-se no *rangaku* em Osaka e continuou suas pesquisas em Nagasaki. Após doze anos de estudos exaustivos, aos 29 anos abriu seu consultório em Osaka.

Anos depois, irrompeu novo surto de cólera, ao que Kôan traduziu às pressas diversos livros de medicina ocidental e compilou-os no seu *Manual para o tratamento de cólera*, inestimável para os médicos de todas as regiões do Japão.

Era uma época em que muitas crianças morriam de varíola. Kôan descobriu que a melhor vacina era aquela descoberta pelo britânico Edward Jenner (1749-1823), produzida a partir da varíola bovina, e se empenhou na sua disseminação. Apesar do ceticismo geral — "Os pais dizem que, além de inútil, o tratamento adoece seus filhos", escreveu Kôan —, ele conseguiu conscientizar a população sobre a necessidade de prevenção.

Kôan traduziu as doze diretrizes aos médicos escritas pelo alemão Christoph Wilhelm Hufeland (1762-1836), dentre elas:
- A razão da existência do médico é o próximo, jamais a si mesmo. Não almeje sucesso nem riqueza, pense somente em salvar vidas.
- Ao tratar o doente, veja-o apenas como um paciente. Não discrimine entre ricos e pobres.
- A medicina se dedica às pessoas, sem jamais fazer delas cobaias.

Trata-se do primeiro código de ética médica do Japão, seguido à risca por Kôan Ogata em toda a sua vida profissional.

10

Sanai Hashimoto

Transcender classes sociais

Enquanto exercia a medicina, Kôan Ogata fundou a escola Tekijuku sob fundamentos contrários àqueles vigentes no período Edo, que valorizavam a hierarquia social. A Tekijuku era inteiramente pautada na meritocracia: quanto maior a dedicação aos estudos, maior o reconhecimento, em um modelo que instigava a erudição.

***

Um dos estudantes era Sanai Hashimoto (1834-1859). Nascido em uma família de médicos a serviço do feudo de Fukui, ao garoto não agradava seguir os passos dos ancestrais. No entanto, refém de um profundo sentimento de devoção filial, era-lhe impossível trair as expectativas do pai. Desse modo, aos 16 anos, matriculou-se na escola Tekijuku e mergulhou nos estudos de medicina e *rangaku*.

Mesmo em tal incubadora de talentos, Sanai — o mais novo por lá — rapidamente começou a se distinguir e a chamar a atenção de Kôan Ogata, que lhe vislumbrava um futuro promissor. No entanto, eis que o jovem passou a deixar a escola ao pôr do sol e só retornar de madrugada. Seus colegas logo associaram as saídas à boemia e começaram a provocá-lo.

— Toda noite, Hashimoto? Você é uma esponja pra aguentar tanto saquê.

Sanai não se justificava e, tão logo anoitecia, partia para a cidade.

A história chegou aos ouvidos do professor.

— Não acredito que Sanai tenha se desviado de tal forma — conjecturou Kôan Ogata, que solicitou a um aluno que o seguisse discretamente.

Sanai se embrenhou sob a ponte Tenman, famoso reduto de vagabundos e sem-teto. Indiferente à sujeira e reputação do local, examinava e medicava os esfarrapados, chegando a auxiliar em partos.

Informado do ocorrido, Kôan convocou os estudantes.

— Vocês deviam é seguir seu exemplo. De agora em diante, parem com o disse-me-disse e não me aborreçam mais com picuinhas — ordenou.

Sanai obedecia as doze diretrizes aos médicos publicadas por Kôan — medicina é benevolência, dizia uma delas.

***

Da escola Tekijuku, saíram personalidades como Ryôun Takamatsu (1836-1916) — que tratou, sem distinção, feridos de ambos os lados do conflito de Goryôkaku[6] — e Tsunetami Sano (1822-1902), fundador da Cruz Vermelha japonesa. Sob a filosofia do aprendizado individual, muitos ex-alunos atuaram em áreas distintas da medicina, como Yukichi Fukuzawa (1834-1901), fundador da universidade Keiô, e Masujirô Ômura (1824-1869), fundador das forças armadas modernas do Japão.

A escola Tekijuku se transformou na universidade de Osaka, e sua tradição acadêmica de liberdade sobrevive até hoje.

---

6 Batalha final entre as tropas do antigo xogunato e do recém formado governo Meiji, ocorrida em 1869 em Goryôkaku, Hokkaido.

11

A guinada na vida do vendedor de nabos

Caso erre, reflita e corrija-se

— Nabo, olha o nabo! — gritava rouco o ambulante nas ruas de Edo. Carregava uma vara nos ombros e, em cada ponta, pendurava-se um cesto amontoado de nabos. O sol estava a pino e, desde a alvorada, não vendera uma única raiz. Em casa, aguardavam-no esposa e três filhos.

"Ah, se continuar assim, não conseguirei colocar comida à mesa", e imaginou os filhos chorando de fome.

— Nabo, olha o nabo! — seguiu caminho anunciando com determinação.

De repente, um chamado de uma residência samurai.

— Aqui, vendedor de nabos.

Ao atravessar o portão, o coração disparando de felicidade, notou um samurai à sua espera na varanda.

— Quanto está o nabo?

— Cada um sai por trinta e três *mon*, senhor.

— Está caro. Levo por vinte e quatro *mon*.

— O senhor vai me desculpar, mas esse valor é muito baixo, sabe?

— Pois bem. Desculpe por tomar seu tempo. Pode ir embora — disse com desdém e virou-se, fechando a porta corrediça com estrépito.

Era inadmissível perder aquela oportunidade. O vendedor implorou em voz alta, explicando que a vida da família dependia da venda dos nabos. Como resposta, recebeu o silêncio.

Por fim, desistiu. Contudo, no instante em que se retirava, notou uma pequena bacia, uma peça rara confeccionada em metal. "Se eu vendesse essa bacia, poderia comprar arroz..." O peito do homem se inflamou de um desejo imperdoável. Olhou para a esquerda e para a direita: nenhum sinal de vida. Gatuno, escondeu a bacia debaixo dos nabos.

Estava feito.

Seu coração retumbava descontrolado. Era necessário ir embora o mais rápido possível. Quando estava em vias de cruzar o portão:

— Ei, vendedor de nabos.

O homem congelou. Olhou para trás e viu o samurai cruzar a soleira da porta.

— Mudei de ideia. Comprarei todos os seus nabos. Enfileire-os aqui.

O que fazer? Se retirasse os nabos do cesto, a bacia ficaria visível. Tampouco poderia responder que não venderia os nabos. Sair correndo era fora de cogitação.

— O que foi? O que o impede de enfileirar os nabos, a bacia?

O homem começou a suar frio e seu corpo não parava de tremer. Hora de se despedir da cabeça: seria decapitado.

— Por favor, perdoe-me. Não sei o que me deu, estou na miséria e acabei roubando a bacia. Tenho três filhos e, se eu morrer, eles vão acabar morrendo de fome. Minha vida, peço apenas que poupe minha vida, a necessidade obriga a gente a fazer cada besteira... — Com a testa quase a encostar no chão, o vendedor seguia a cantilena.

O samurai não parecia irritado. Como se alheio em pensamentos, declarou:

— Não é necessário perdão. Contemos os nabos.

Receoso, o vendedor os retirou dos cestos e os enfileirou: vinte e três no total.

— Trinta e três *mon*, certo? E pode ficar com a bacia.

Prostrado e surpreso, o homem não conseguiu dizer uma palavra.

— Não importa o quão miserável esteja, chegar ao extremo de roubar é evidência de um espírito imundo. Bacias servem para lavar pés e mãos, mas quem sabe também sirvam para lavar a mente — disse e fechou a porta atrás de si. Com a bacia nos braços e as moedas nos bolsos, o vendedor voltou para casa estarrecido.

— O que aconteceu? — perguntou sua esposa, que logo percebeu algo errado. Ao relatar o ocorrido, o homem descia novos degraus na escada da vergonha.

— Cometi um erro. Por maiores que sejam as dificuldades, jamais devemos agir de modo desonrado.

A firmeza de espírito se manifesta em gestos. Uniu-se à esposa e trabalhou redobrado, num empenho que gerou frutos: em três anos, inaugurou uma quitanda. Satisfeito, o vendedor prestou nova visita ao samurai.

— Caso o senhor não me repreendesse à época, teria me tornado insensível ao mal e talvez seguisse roubando. A bacia me salvou.

— Reconhecer os próprios erros e buscar se regenerar é uma qualidade admirável, que permite a todos recomeçar — declarou o samurai, feliz com o reencontro. Então, permitiu ao vendedor que transitasse livremente por suas terras oferecendo seus produtos.

12

A bifurcação entre a felicidade e a infelicidade

Os *hashis* do Inferno e os da Terra Pura

Entre o indivíduo que alcança a felicidade e aquele que permanece em constante sofrimento, onde está a diferença? Uma alegoria ilustra essa distinção.

***

Certa vez, um homem partiu em pesquisa de campo para o Inferno e a Terra Pura. Primeiro, dirigiu-se ao Inferno e, quando lá chegou, era justamente hora do almoço. À mesa, alinhavam-se os piores tipos.

Ao observar o cardápio, notou que era composto por iguarias. "Curioso. Jurava que haveria apenas a raspa do tacho", pensou. Apesar disso, os comensais eram pele e osso de tão magros.

"De fato, curioso...", ponderou. Nesse instante, percebeu que eles manuseavam *hashis* extremamente longos, que ultrapassavam um metro de comprimento. Por mais que tentassem levar a comida à boca, era impossível. Então, perdiam a paciência e tentavam roubar a comida uns dos outros, descambando para uma disputa feia de assistir.

Em seguida, o homem rumou à Terra Pura.

Era hora do jantar, e todos se sentavam amigavelmente à mesa. O menu era idêntico ao do Inferno, assim como os longos *hashis*. "No entanto, os habitantes da Terra Pura são rechonchudos e saudáveis. Onde está a diferença, afinal?", refletiu confuso.

Em instantes, a dúvida foi dissipada. Tão logo pinçava o alimento com os *hashis*, o indivíduo o oferecia ao companheiro do lado oposto, dizendo:

— Por favor, sirva-se — satisfeito, o outro respondia:

— Muito obrigado, permita-me retribuir sua gentileza. O que gostaria que eu pegasse? — aquele que alimentou era alimentado. A conversa era cordial e temperada com sorrisos.

"O que torna a Terra Pura paradisíaca é a atitude dos seus habitantes!", admirou-se o homem.

A felicidade não vem para quem pensa somente em si sem se importar com os demais. Aquele que considera o próximo passa a ser estimado, e seus gestos altruístas ecoam felicidade.

13

O segredo da Takashimaya
Herança de altruísmo

Jamais esqueça o propósito original: nessa postura reside a chave para o brechó inaugurado por um humilde casal no período Edo se transformar em uma das maiores lojas de departamentos do Japão.

***

A Takashimaya nasceu em 1831, na rua Karasuma, em Quioto. Seu fundador, Shinshichi Iida (1803-1874), estava em uma situação financeira tão delicada que mal podia comprar no atacado os artigos que sua pequena loja recém inaugurada necessitava. Ao vê-lo refém das preocupações, sua esposa lhe disse:

— Se o problema é ter o que vender na loja, eu posso ajudar — e abriu a gaveta da cômoda onde guardava quimonos que seu pai lhe dera por ocasião do seu casamento. — Aqui, coloque-os à venda.

— Mas são valiosos para você...

— Você está passando por dificuldades e eu não posso simplesmente permanecer de braços cruzados. A loja irá prosperar e então compraremos novos quimonos, não é mesmo?

Profundamente tocado por aquelas palavras, Shinshichi trabalhou firme e, aos poucos, expandiu os negócios. Em conversas com a esposa, estabeleceu quatro diretrizes para a empresa, sendo a primeira "Estender os benefícios a si e aos demais", em uma relação que proporcionava vantagens mútuas para o empreendimento e o cliente.

— No comércio, perder ou ganhar é determinado apenas pela confiança dos fregueses. Para tornar nossas intenções evidentes, devemos acordar cedo todos os dias — declarava Shinshichi, que abria a loja às 6h e iniciava a faxina. O rumor se espalhou pela cidade: "O pessoal da Takashimaya é bastante trabalhador. Eles acordam com as galinhas!". Prosperaram e, em três anos, superaram em vendas a concorrência local.

A loja também oferecia empréstimo de guarda-chuvas — e não somente aos clientes, mas também aos passantes em apuros por conta de uma chuva repentina. Embora se trate de uma cortesia no Japão de hoje, era quase inexistente na época.

O esforço para granjear a confiança se manteve durante os trinta anos seguintes.

***

Diante da pressão estrangeira pela abertura dos portos japoneses, o tranquilo período Edo estava em vias de chegar ao fim. O governo se encontrava em estado de caos e a ordem pública em Quioto se deteriorava a cada ano. Em 1864, o centro se transformou em campo de batalha à medida que os feudos de Satsuma e Chôshû entraram em confronto[7]. A eclosão de grandes incêndios transformou em cinzas casas, santuários e templos. A Takashimaya também foi destruída pelo fogo, porém as mercadorias permaneceram intactas, sendo transportadas de antemão para um local seguro.

As pessoas abandonaram suas casas somente com as roupas do corpo — agora, estavam desabrigadas e necessitadas de vestimentas. A resposta da Takashimaya foi rápida: na semana seguinte à deflagração dos incêndios, abriu uma tenda ao ar livre.

---

7 Incidente chamado Hamaguri Gomon, entre as tropas pró e anti xogunato.

— Não aumentaremos os preços. As mercadorias serão vendidas no mesmo valor de antes — declarou Shinshichi. Uma fila se formou e o estoque se esgotou em velocidade.

Tratava-se de uma época propícia para lucros rápidos, pois cada peça de pano era motivo de disputa. Era comum os comerciantes venderem produtos de qualidade inferior a preços inflacionados e enriquecerem rápido, contudo a Takashimaya se manteve fiel aos princípios estabelecidos em sua fundação. Sem trapacear, consolidou sua confiança perante o público e preparou o terreno para o grande salto que daria após a era Meiji.

Assim declarou a segunda geração da Takashimaya:

> Nosso lucro vem dos benefícios oferecidos aos clientes. Procuramos nunca nos esquecer disso. O altruísmo é um princípio da Takashimaya que jamais se alterou.

Parte 2

O perfume de Ensaios no ócio

Ensaios no ócio, coletânea escrita por Kenkô Yoshida, teve um boom de popularidade durante o período Edo, trezentos anos após sua publicação. Recebeu ares de manual informal para a vida, foi lido por um número significativo de pessoas e exerceu grande influência na formação do pensamento e da estética do Japão. Mesmo hoje, ele consta em livros didáticos do ginasial e colegial, sendo praticamente impossível um japonês ignorar a sua existência.

No entanto, quando se lê a obra na época de estudante, considerando que ela "cairá na prova", será possível saborear sua graça e profundidade? Afinal, qual o fascínio exercido por *Ensaios no ócio*? Que perfume ele desprende?

Selecionei alguns dos mais de 240 ensaios, em tradução livre e compacta, de modo que o leitor possa aspirar um pouco da sua fragrância.

Ensaios no ócio 1
Não feche a porta tão logo a visita saia

> Em uma linda noite de luar, deparei-me com uma mulher encantadora, dona de admirável hospitalidade. Quando seu convidado se despediu, ela não fechou a porta de imediato: enquanto o outro desaparecia na distância, ela permaneceu contemplando a lua por alguns instantes.
> Teria considerado que, caso fechasse a porta em ato contínuo e a trancasse à chave, seria deselegante. Embora fosse impossível à visita saber que a mulher a acompanhava com os olhos, sua consideração não almejava ganhar a aprovação de terceiros. Tratava-se simplesmente de um gesto natural.
>
> (Ensaio 32)

Na atitude da mulher, a consideração ao visitante.
Imagine que foi à casa de um amigo e chegou o momento de ir embora: mal se despede do anfitrião, a porta se fecha a chave e as luzes se apagam. Como você se sentiria? "Era só sorrisos durante a visita, mas terá realmente apreciado minha companhia?"

Outra consideração similar pode ser praticada em diálogos ao telefone. Após conversar com alguém mais velho, de cargo superior ou posição que requeira respeito, é importante não ser o primeiro a desligar. Caso bata o aparelho e o ruído seja audível pelo interlocutor, este terá uma impressão bastante desagradável. Deve-se confirmar que o outro colocou o fone no gancho para então encerrar a chamada.

Ensaios no ócio 2

Mesmo em caligrafia feia, escreva as cartas de próprio punho

Por mais que a letra seja um garrancho, cartas de próprio punho transmitem as emoções do seu autor. Uma carta escrita por outrem, mesmo que em bela caligrafia, chega a ofender.

(Ensaio 35)

Cartas são correspondências entre corações. Portanto, se a mensagem não for redigida de próprio punho, por mais bonita que seja a caligrafia, ela não transmitirá as emoções de forma precisa.

Nos dias atuais, não há mais necessidade de pedir a um terceiro que passe a carta a limpo: o computador se encarrega de digitar e a impressora, de imprimir. Mas, caso o destinatário seja alguém a quem possui uma dívida de gratidão, que impressão causará uma carta impressa?

Muitos concordariam com o ponto de vista de Kenkô. Telefone, e-mail, carta impressa ou escrita à mão... Há vários meios para se transmitir sentimentos. Porém é importante avaliar e escolher a forma mais adequada para cada destinatário.

Ensaios no ócio 3
Visita repentina sem anúncio prévio é tabu

> Salvo em casos urgentes, não é de bom tom aparecer de surpresa na casa de alguém para uma visita. Mesmo quando há algum assunto a tratar, é aconselhável ir embora o mais rápido possível, tão logo ele seja resolvido. Se ficar por muito tempo papeando, ambos se cansarão e o encontro será um desperdício de tempo. Nem por isso deve expressar abertamente o seu aborrecimento.
> "Por estas razões, hoje não posso recebê-lo", explique de forma clara.
>
> (Ensaio 170)

Em *Ensaios no ócio*, o autor cita os protocolos apropriados na ocasião de uma visita. Aparecer de repente, sem avisar de antemão, é bastante descortês — talvez o outro já tenha dado o dia por encerrado ou planejasse sair. Um encontro agradável acontece quando ambos pensam: "Hoje quero passar o dia conversando com esta pessoa".

É preciso lapidar a sensibilidade e captar as sutilezas para perceber se está sendo bem-vindo ou inconveniente.

Ensaios no ócio 4

Uma conversa que se concentra em si deixa o outro descontente

> Quando encontramos alguém que não vemos há tempo e a pessoa fala apenas de si, tornando a conversa um monólogo, o clima se torna muito desagradável. Ouvir alguém falar sobre as aparências ou avaliar a excelência dos estudos dos outros tomando a si como exemplo é bastante enfadonho.
>
> (Ensaio 36)

Todos gostam de falar de si para os outros, sobre acontecimentos e dificuldades pelos quais passaram. Quando percebe, está agindo como se fosse o único protagonista. Quem não cometeu tal deslize?

Como estaria sentindo o ouvinte que é obrigado a nos ouvir? Não é fácil apontar tal falha, mas Kenkô o faz com clareza: "Manter uma conversa unilateral é desagradável".

Aquele que ouve se farta. Ainda que a pessoa fale coisas simples sobre si mesma, isso muitas vezes tende a desandar para a arrogância. Comentar sobre os próprios defeitos ou sobre sua aparência miserável, mesmo que de forma divertida, também é um tipo de presunção. Kenkô ensina que ouvir uma bazófia é muito maçante.

Ensaios no ócio 5

Não fale maledicências e não desperdice o tempo com boatos

> Quando se encontram, as pessoas são incapazes de permanecer em silêncio. Elas sempre trocam frases. Escute suas conversas: praticamente são todas banais. Criticam e dizem coisas sem qualquer fundamento e, ao final, perdem muito mais do que ganham. Além disso, o problema maior é que não percebem que isso é um imenso desperdício.
>
> (Ensaio 164)

Quando o assunto é um terceiro, o que se ressalta na conversa: os pontos positivos ou os pontos negativos da pessoa? "Hoje, fulano disse isso", "Há um tempo atrás, beltrano fez aquilo"... Raramente elogiam os demais. Maledicências fluem de nossas bocas como se fossem conversas do dia a dia.

Talvez isso seja uma forma de se desabafar, mas pensar e falar mal dos outros é uma ação má e certamente o falante atrairá para si um resultado ruim. A pessoa obrigada a ouvir as maledicências pode pensar: "Mas em que contexto aquilo foi dito?", "Isso não deve passar de rumores infundados". Mesmo que o ouvinte tente se livrar e esquecer os comentários maldosos, eles acabam se instalando no fundo da memória. A partir do dia seguinte, apesar de muito sutilmente, a opinião sobre a pessoa já mudou e não haverá mais retorno. É o indício de que foi contaminado pelo mal.

Dessa forma quebram-se as relações humanas e a harmonia na sociedade, provocando danos irreversíveis. Seja o falante ou o ouvinte das maledicências, não há ninguém que saia ganhando. O prejuízo é mútuo.

O que fazer para evitar esse desfecho infeliz? Procure sempre descobrir e elogiar as virtudes das pessoas. Aplique e difunda esse comportamento.

Ensaios no ócio 6

Ser mais competente que os demais é um grande defeito

Ser mais capaz que os demais não é uma qualidade. Pelo contrário, é um grande defeito.

Aquele que se considera ocupar uma posição social mais elevada, ser de família tradicional ou mais talentoso que os demais, mesmo que não aparente, carrega oculto dentro de si o mal da presunção. Ser visto pelos demais como tolo, ser criticado rispidamente ou atrair desgraças, tudo isso tem como causa a presunção.

Assim, é melhor prevenir-se e deixar de pensar que é especial.

(Ensaio 167)

Que observação inesperada. Ser mais competente que os demais não seria uma qualidade? Por que um defeito? De fato, uma pessoa capacitada consegue realizar os trabalhos confiados.

Porém, Kenkô aponta o perigo declarando que "o mal chamado vaidade se esconde no coração". A autoconfiança excessiva torna a pessoa surda aos conselhos dos mais velhos e daqueles ao seu redor. De um indivíduo presunçoso não se pode esperar qualquer aprimoramento. Irrita-se caso discordem da sua opinião e age cada vez mais unicamente em função de si próprio. Ele se torna um bloco de arrogância e passa a olhar os demais com soberba, considerando-os tolos, e daí surgem os problemas nas relações pessoais.

Kenkô, testemunha de muitos exemplos desse tipo, adverte: "A presunção é assustadora".

Ensaios no ócio 7

Preocupar-se com dias de bom ou mau agouro é superstição

"Tal dia é de mau agouro", costuma-se dizer, e não são poucos os que passam a desgostar e evitar esse dia. As pessoas acreditam que tudo o que disserem ou fizerem naquele dia não se realizará e qualquer ganho será temporário.

Não sei quem começou a inventar isso, mas é de fato uma grande tolice. Não se sabe quantas vezes deixaram de realizar a contento ações que escolheram fazer em dias de sorte. Mas se calcularmos deve ser na mesma proporção do número de eventos realizados nos dias de mau agouro que não obtiveram sucesso. Seja num dia de sorte, se praticar o mal certamente colherá um mau resultado. Mesmo em um dia de mau agouro, se você fizer o bem colherá um bom fruto. O êxito e o fracasso são determinados pela conduta de cada um, não havendo qualquer relação com dias de bom ou mau agouro.

(Ensaio 91)

Todas as manhãs, vai ao ar um programa de televisão chamado *A Sorte do Dia*. Nos calendários e agendas constam os "dias do bem e os dias do mal". Até hoje, apesar dos grandes avanços da ciência, muitos são os que se preocupam com essas superstições.

Por outro lado, foi há 700 anos que Kenkô afirmou sem hesitar que dias de bom ou mau agouro são mera superstição. Não é por menos que Kenkô continua sendo estimado até hoje pelo seu espírito racional e lógico, perfeitamente adequado nos tempos modernos.

Kenkô Yoshida estudou o budismo, ordenou-se e passou a ser chamado de monge Kenkô. O *Sutra do Nirvana* prega que "na doutrina do Buda não se escolhe dias de sorte". O budismo sempre rejeitou a crença nos dias de bom ou mau agouro, considerando-a mera superstição. Kenkô lamentou a situação da sociedade da época, observando-a sob o prisma dos ensinamentos do Buda Sakyamuni.

Se houver alguém triste ou deprimido por ter acreditado em dias de sorte ou de mau agouro, vamos incentivá-lo dizendo que não se deve preocupar com superstições.

Ensaios no ócio 8

Não passe adiante rumores infundados que inquietem as pessoas

— Nas entranhas da montanha vive um gato com a cauda bifurcada que devora as pessoas — diziam. Então, outro disse:
— Não se restringe à montanha, ele também ataca nas redondezas.
O monge, que estava perto do templo Gyôgan e escutava a conversa, pensou: "Nossa, preciso tomar muito cuidado quando sair sozinho". Um dia ele ficou até altas horas da noite entretido na composição de poesia *renga* e, finalmente, chegou a hora de ir embora — sozinho. Das margens do riacho surgiu o gato dos rumores que se aproximou e saltou abruptamente, tentando atacar seu pescoço. Apavorado, o monge tentou se defender, mas o pânico roubara-lhe as forças. Suas pernas cederam e ele caiu rolando no riacho.
— Socorro! Socorro! O gato selvagem! — gritou. Das casas vizinhas, tochas foram acesas e uma multidão acorreu ao local.

Chegaram e viram a figura conhecida do monge.

— Mas, afinal, o que aconteceu?! — perguntaram. Enquanto puxavam do rio o monge pelos braços, observaram que os prêmios que ele ganhara no concurso de *renga* — leque, caixinha etc. — caíram do bolso do seu *quimono* e se dispersaram na água.

Com uma aparência de quem enfrentara a morte e fora salvo, o monge se arrastou de volta para casa.

Na verdade, tratava-se do seu cão que, percebendo que o dono voltava, pulou nele de alegria.

(Ensaio 89)

Kenkô relatou com muito humor a tolice do monge que acreditara na lenda do gato selvagem. Uma história cômica que vem até acompanhada com um desfecho fabuloso.

Kenkô não faz nenhum comentário, mas de suas palavras ouve-se o retinir de uma crítica perspicaz: "Você é um monge e esquece sua missão de ensinar o budismo para ficar vadiando noite adentro?".

O monge que despencou no riacho não deve ter sido o único que se sentiu ameaçado pelos rumores do gato selvagem. Quem espalhou os boatos sobre a aparição de seres sobrenaturais provavelmente o fez sem segundas intenções, mas é preciso precaver para não deixar as pessoas amedrontadas.

Ensaios no ócio 9
O cuidado necessário para acabar com os erros

Quando se busca eliminar as falhas, é preciso empenhar-se com sinceridade, interagir com as pessoas sem fazer discriminações e ser sempre cortês.

Essa é a melhor conduta a ser adotada por todos — homens, mulheres, jovens ou velhos. Contudo, o uso da linguagem polida por um jovem provoca admiração e o fascínio permanece na memória.

Mostrar-se muito familiar, comportar-se com desdenho, desprezar e fazer pouco caso das pessoas são causas de fracassos.

(Ensaio 233)

No trabalho ou nas relações humanas, quando há excesso de familiaridade ou presunção, a pessoa tende a fracassar. Por isso, Kenkô sugere aos homens ou mulheres de qualquer idade, a agirem sempre com sinceridade e boas maneiras. O jovem, principalmente, deve portar-se com honestidade e cortesia.

Ao iniciar em um novo emprego, como a pessoa não sabe nada, tenta desempenhar cada tarefa com muita cautela. Cumprimenta os superiores e responde com cortesia quando é chamado. Porém, aos poucos vai se familiarizando e acaba caindo na armadilha.

"Já sei como as coisas funcionam." A vaidade a torna arrogante e passa a agir com insolência. Às vezes, se dirige ao superior ou funcionários mais antigos em linguagem inadequada. Tais indivíduos, geralmente, não possuem as habilidades básicas e por isso acabam cometendo falhas inesperadas.

O desejo de tornar-se competente e responsável no trabalho jamais fará com que a pessoa perca o interesse de se aproximar e aprender dos mais experientes que batalham no ramo há dez ou vinte anos.

Essa postura estará visível na forma da pessoa se dirigir aos superiores e aos colegas mais experientes: cumprimentar com respeito, responder prontamente quando é chamado, e ser cortês com palavras.

Ensaios no ócio 10

Mesmo difamado, alvo de risos, não se sente envergonhado e se entrega aos estudos com empenho — este sim vai se tornar um profissional de primeira classe

Dentre os que estão aprendendo uma arte, muitos dizem: não se deve aparecer diante do público enquanto não for bom na área. O melhor a fazer é continuar treinando fora do palco, aprimorar-se para então exibir em público.
Porém, quem diz isso não é capaz de adquirir nenhum talento.
Desde quando se é inexperiente, deve procurar estar sempre no meio de pessoas talentosas. Mesmo sendo criticado ou ridicularizado, não deve se sentir envergonhado. Quem persiste e se empenha nas práticas consegue progredir. Por mais que não possua talento natural, quem se dedica ao aprendizado com essa atitude, não vai abandonar o caminho na metade nem tampouco passar os dias em vão aprendendo à sua própria maneira. Por fim, conquistará a posição de um perito, respeitado e reconhecido como um profissional de alto gabarito.

Mesmo aqueles que são hoje aclamados por todos como profissionais de primeira classe devem ter passado por fases em que foram taxados de inexperientes com péssimos defeitos. No entanto, por ter obedecido fielmente as regras e a disciplina desse ofício, e ter se esforçado para não adotar seus próprios métodos, conseguiu se tornar um gigante na área, respeitado e reconhecido por todos. Na arte ou em qualquer outra profissão, essa é uma atitude importante que não muda.

(Ensaio 150)

Como diz um ditado japonês, "o ouvido recusa uma censura sagaz", não é nada fácil ouvir e aceitar críticas. Imediatamente nos revoltamos ou ficamos deprimidos.

Somente quando se deseja seguir a meta escolhida com seriedade, é que a pessoa consegue pensar: "Por mais que eu seja caluniado, ridicularizado, vou persistir sem me sentir envergonhado".

É um importante conselho para quem deseja adquirir habilidades de um profissional de primeira classe.

Flores de glicínia
quanto mais pendem para baixo
mais as pessoas olham para cima.

Ensaios no ócio 11
Um boneco de neve na primavera ou a vida humana, qual dura mais?

Quando observo alguém trabalhando sem parar, fico imaginando que é como se ele estivesse construindo um boneco de neve num dia quente de primavera, enfeitando-o com ouro, prata e outras pedras preciosas e erigindo um santuário para colocá-lo dentro. Após terminar de construir, será que ele conseguiria instalar o boneco de neve dentro do santuário? Não. Antes disso, ele já estaria derretido.

Todos pensam que ainda lhes resta muito tempo de vida. Não percebem que esse tempo está diminuindo a cada dia, a cada instante, como um boneco de neve que vai derretendo. Ainda assim, querem isso e aquilo, planejam inúmeras coisas e anseiam pelo dia em que realizará tudo isso. Não estariam erigindo um santuário para abrigar um boneco de neve?

Sua vida estará acabada antes mesmo desses desejos se realizarem.

(Ensaio 166)

Um exemplo chocante. Se a duração da vida é tal qual um boneco de neve em um dia de primavera, o que se deve fazer nesse curto período de tempo?

Achar que a vida é longa nos faz desperdiçar o tempo. Porém, a conscientização de que ela é de fato curta, nos força a ser extremamente cuidadosos na escolha do que fazer em cada momento. Nessa vida passageira, o que devemos fazer em primeiro lugar?

Nesse ensaio, Kenkô ensina a importância de refletirmos sobre o objetivo da vida.

Ensaios no ócio 12
Será que a fama traz felicidade?

É uma tolice ser escravo do desejo pela fama, não ter um minuto de paz no coração, e viver toda uma vida sofrendo. Provavelmente qualquer um desejaria alcançar prestígio que continuasse pelas gerações futuras. Porém nem sempre indivíduos de alta classe ou de origem nobre são excepcionais.

Uma pessoa tola e insignificante pode alcançar uma posição social elevada e levar uma vida extremamente luxuosa por ter tido a ventura de nascer numa família de linhagem. Por outro lado, há muitos exemplos de pessoas extraordinárias que escolheram permanecer numa posição social baixa e assim viveram até o fim. Ciente disso, percebe-se o quão tolo é ansiar o topo da pirâmide social.

As pessoas querem deixar para a posteridade o prestígio de ser considerado inteligente, culto e virtuoso. Contudo, se refletirmos, o desejo pela fama nada mais é do que querer ser respeitado e elogiado. Tanto os indivíduos que

nos caluniam como aqueles que nos elogiam, logo deixarão este mundo. Outros que ouvem e transmitem esses elogios ou calúnias também não viverão por muito tempo.
Mas, então, de quem se deve ter vergonha? De ninguém. Afinal, por quem desejamos ser reconhecidos? Será que vale a pena ser reconhecido por pessoas que vão morrer e desaparecer eventualmente? E não devemos esquecer que, ao sermos elogiados, isso poderá também ser motivo de uma onda de calúnias.
Mesmo que a fama permaneça após a morte, ela de nada servirá. Desejar tal coisa é tolice.

(Ensaio 38)

Não há ninguém que não possua o desejo de fama e prestígio. Um elogio nos deixa feliz, uma crítica nos deixa triste e sem energia.

Kenkô declara que flutuar ou afundar por causa das críticas e elogios é descabido. Ele tampouco recomenda que se deva viver a bel-prazer, sem se importar com o que os outros falem.

A vida é curta. Cada momento é precioso.

Kenkô talvez esteja sugerindo que ao invés de nos preocuparmos com que os outros possam pensar de nós, devamos ser autênticos e prosseguir pelo caminho que escolhermos.

Ensaios no ócio 13
Ao decidir algo, coloque em prática de imediato e sem hesitação

Quem procura viver em harmonia com as pessoas ao redor seguindo os costumes sociais deve escolher o momento apropriado para qualquer atividade. Se falhar na escolha e forçar a situação causará desentendimento, antipatia, e não será capaz de realizar o propósito almejado.

Contudo, as únicas ocasiões que não escolhem o momento oportuno são parto, doença e morte. Nenhuma delas pode ser evitada por ser inconveniente. A partir do momento em que nasce, o ser humano vai aos poucos envelhecendo, adoece e morre. Como as águas caudalosas de um rio, a transição nascer-envelhecer-adoecer-morrer não pára nem por um instante, e o fim vem se aproximando cada vez mais. Não sabemos quando confrontaremos a morte. Por isso, quando decidimos realizar um propósito nesta vida devemos imediatamente colocar em prática sem se preocupar com o momento oportuno.

Não devemos hesitar ou pausar por causa das convenções sociais ou das circunstâncias.

(Ensaio 155)

Quem nasce com certeza morrerá. No entanto, acreditamos firmemente que amanhã não iremos morrer. O dia seguinte chega e continuamos pensando que amanhã não iremos morrer. Se examinarmos essa mente cuidadosamente, perceberemos que bem no fundo há uma crença arraigada de que não morreremos nunca. Temos que nos assombrar diante dessa contradição tão grande.

Não se sabe quem partirá primeiro, os idosos ou os jovens. Nem sempre os velhos morrem antes. A morte ataca a todos impiedosamente, sem considerar se é ainda um estudante ou pais com crianças pequenas. Por isso, nesta breve existência, é preciso descobrir o seu objetivo e priorizar a sua realização. Uma vez que o objetivo da sua vida é estabelecido, devemos seguir resolutos para cumpri-lo, sem hesitar ou se estagnar. Assim nos incentiva Kenkô.

Ensaios no ócio 14

Fugir da morte por não gostar dela não é solução

A lua cheia não permanece sempre redonda. Logo, ela míngua. Porém, para uma pessoa indiferente tal mudança passará desapercebida.

Da mesma forma, quando uma doença se agrava e vai piorando gradualmente, a morte chegará em breve. Nos dias em que se está bem de saúde, temos a sensação de poder viver para sempre sem qualquer problema. E com essa convicção, deixamos para ouvir o budismo depois, com calma, quando bem desejar. No instante em que ficamos doentes, e nos encontramos à beira da morte, percebemos que não obtivemos satisfação nenhuma nesta vida e assim só nos resta lamentar. Prometemos nos corrigir e regenerar, concluindo tudo o que deixamos de fazer, caso consigamos nos curar. Contudo, a doença se agrava rapidamente, e no auge do desespero acabamos morrendo.

Neste mundo, a maioria vai por esse mesmo caminho. Antes de tudo, devemos nos conscientizar dessa realidade.

> Se deixarmos para ouvir o budismo depois de concluirmos o que almejamos, jamais conseguiremos ouvi-lo.
> O que será que as pessoas estão tentando realizar nesta vida de ilusão?
>
> (Ensaio 241)

Ensaios no ócio aborda temas relacionados à morte em grande extensão. As pessoas não gostam e evitam falar da morte, e no entanto, Kenkô versou sobre essa questão, enfocando-a de vários ângulos. Lá, aparece reiteradas vezes a mensagem: "Fugir da morte por não gostar dela não leva à solução. Vamos encarar a verdade como verdade para evitar o desespero quando subitamente nos depararmos com a morte". É a mensagem de Kenkô. De fato, no momento em que examinarmos a morte de frente, com seriedade, pela primeira vez podemos levar uma vida honesta e sem desperdícios.

O motivo por que *Ensaios no ócio* se tornou um dos clássicos mais lidos hoje talvez seja evidência de que cada vez mais as pessoas desejam aprimorar suas vidas. Kenkô sugere: "Ouça o budismo enquanto goza de saúde". Em outras palavras, encare a morte de frente e viva para não se arrepender mais tarde.

Sem dúvida, essas palavras provocarão perplexidade em muitos que questionarão: "Mas o budismo não se concentra em realizar enterros e cerimônias fúnebres?".

Apesar de ter se tornado senso comum entre os japoneses hoje, não é esse o objetivo do budismo. Outros acham que o budismo ensina como viver alegre, firme e de forma cordial. Budistas são pessoas que vivem conformadas, não se queixam nem demonstram qualquer insatisfação quando enfrentam sofrimento, pensam. Porém, isso não é verdade. Budismo não é uma ferramenta para levar uma vida tranquila por esse mundo afora, algo que nada tem a ver com as repetidas advertências de Kenkô sobre a questão da morte.

Buda Sakyamuni ensinou: "Quando a vida está para terminar, remorso e medo ocorrem em turnos[8]". Ao escrever "À beira da morte, percebemos que não obtivemos satisfação nenhuma nesta vida e assim, só nos resta lamentar", Kenkô expressa de forma compreensível a advertência de Sakyamuni. Assim como para um avião cruzando os céus sem combustível não há destino pior do que a queda, também na vida não existe sina mais trágica do que a morte. Por esta razão o budismo ensina sobre a "questão crucial de nascimento e morte" ou "a grande questão da vida após a morte". O que acontece ao morrer? As pessoas se assustam e sentem calafrios diante do medo insondável de entrar num mundo totalmente desconhecido. O objetivo de ouvir o budismo é a solução da questão crucial da vida depois da morte e por isso o monge Kenkô nos diz: "Ouçam o budismo enquanto vivos".

---

8 *Grande sutra da vida infinita.*

PARTE 3

Um milhão de cosmos

1

O encontro entre Bashô e a filha devota aos pais

O sentimento de retribuir a dívida de gratidão aos pais supera a beleza das flores de cerejeira

— Quero ver as famosas cerejeiras de Yoshino! — exclamou animado Matsuo Bashô[9], amante de viagens e da natureza. Partiu na direção do monte Yoshino[10], na atual província de Nara. A imagem das inúmeras cerejeiras em plena floração já prenunciava uma jornada agradável. Porém, no meio do caminho, ouviu alguém contar sobre uma menina devota ao pai, que morava ali perto. Bashô decidiu fazer um desvio para se encontrar com ela.

---

9 Matsuo Bashô (1644-1694): poeta de *haiku* do período Edo. Nascido em Iga, atual província de Mie.

10 Monte Yoshino: local famoso por suas cerejeiras.

Era uma casa miserável. Sua mãe falecera cedo. Como as finanças da família eram precárias, desde pequena a moça trabalhava como serviçal e enviava dinheiro para casa. No entanto, preocupada com o pai sozinho e de saúde frágil, ela passou a morar junto.

Num certo verão, o pai fora vitimado por uma epidemia. Não havia dinheiro para chamar o médico. Velou por ele dia e noite, mas só piorava. Ouviu que se o alimentasse com enguia talvez ajudasse na cura. Procurou em todos os lugares, mas foi incapaz de encontrar uma sequer.

Era tarde de certa noite. Do cântaro na entrada da porta, ouviu-se o som de algo se debatendo. E não é que dentro dele havia uma grande enguia? Preparou-a de imediato e a serviu ao pai, que logo passou a convalescer. É provável que a enguia tenha sido entregue em segredo por um aldeão, que não aguentou testemunhar o sofrimento da moça. Sua devoção filial era famosa nos arredores.

Bashô escutou a história e sentiu-se profundamente tocado.

— "A gratidão aos pais é maior que as montanhas e mais profunda que o mar", dizem. Porém, é raro encontrar alguém que se dedique ao pai como você. Aqui, compre algo de bom para a saúde dele — disse Bashô, e entregou todo o dinheiro que carregava na carteira.

Surpresa, a moça não queria aceitar. Por fim, Bashô entregou-lhe o dinheiro a força e partiu. Como não podia mais arcar com as despesas da viagem, foi obrigado a desistir da ida a Yoshino. Bashô tomou o caminho por onde viera.

Ao retornar para casa, um amigo lhe perguntou:

— Então, como estavam as cerejeiras em Yoshino?

— Tive que suspender — respondeu e contou sobre seu encontro com a moça que cuidava do pai.

— Como assim?! Você queria admirar as flores de cerejeira em Yoshino e acabou entregando o dinheiro que era para as despesas da sua viagem assim? Que desperdício! — retrucou o amigo chocado.

Bashô respondeu rindo.

— Eu queria apreciar belas flores e parti para Yoshino. Porém, quis o destino que eu pudesse contemplar algo ainda mais belo que as flores de cerejeira — a beleza do amor e da gratidão aos pais. Não me arrependi nem um pouco de não ter visto as cerejeiras. Afinal, ano que vem elas florescerão novamente, não é mesmo?

2

A advertência de Sen-no-Rikyû

Imitar por imitar é deplorável. Cultive seus talentos pessoais

Sen-no-Rikyû[11] se tornou o mestre ímpar na cerimônia do chá. Um de seus discípulos foi o comandante militar Seta Kamon (?-1596). Em certa ocasião, ele percebeu uma beleza incomum na forma como seu mestre preparava o chá. Sentiu uma emoção tão profunda que ele não se conteve e foi transmitir ao mestre.

— Hoje, a *chashaku*[12] que manuseou era menor que as utilizadas até então?

— É verdade. O cabo era um *sun* (cerca de 3 cm) menor. Ótima a sua percepção.

Elogiado, Kamon ficou muito feliz.

---

11 Sen-no-Rikyû (1522-1591): nascido em Izumi, atual Osaka.

12 Colher para pegar o pó de *matcha*.

— Seu estilo se manifestou em gestos mais contidos, e muito elegantes. Quem diria que a mera diferença de um *sun* revelaria tamanha elegância... Fiquei realmente impressionado. Aprendi algo muito valioso hoje — expressou sua gratidão e se retirou.

Dias depois, Kamon organizou uma cerimônia do chá e convidou Sen-no-Rikyû. Depois que os convidados se retiraram, solicitou ao mestre que o avaliasse.

— O que achou do meu desempenho?

A resposta foi inesperada.

— Por que utilizou uma *chashaku* curta?

— Desejei imitar o senhor, mestre.

— Traga a *chashaku* para cá.

Então, Sen-no-Rikyû disse:

— Sempre ensinei que o mais importante na cerimônia do chá é o sentimento. A imitação artificial é de fato deplorável — e quebrou a *chashaku* em dois pedaços.

Sen-no-Rikyû voltou-se para o pasmo Kamon e o advertiu:

— Utilizei um cabo menor por estar de acordo com a minha baixa estatura. Você que tem a compleição física maior que os demais, deveria usar uma *chashaku* mais longa pois ela lhe daria mais liberdade e elegância. Como fez o oposto, seus movimentos pareciam desconfortáveis. Imitar apenas o estilo alheio não traz benefícios para si. Cada um tem seu próprio estilo. Reflita e cultive seus próprios talentos.

Kamon escutou as palavras de Sen-no-Rikyû, absorveu a sua essência e se aperfeiçoou. Depois disso, dizem que passou a utilizar utensílios maiores, em harmonia com sua constituição física, e passou a preparar o chá de maneira requintada.

3

O espírito de Katsushika Hokusai

Mesmo prejudicando a si, valorizou a confiança do povo japonês

Katsushika Hokusai (1760-1849) é famoso por haver criado "As trinta e seis vistas do monte Fuji". Foi um artista da xilogravura *ukiyo-e*[13] que viveu no final do período Edo.

Certa vez, o *shôkanchô*[14] da Holanda foi a Edo e lhe requisitou:

— Quero uma gravura que expresse o estilo de vida do povo japonês.

---

13 *Ukiyo-e*: xilogravuras de costumes populares que se desenvolveu no período Edo.

14 *Shôkanchô*: pessoa responsável pelo entreposto comercial holandês em Nagasaki.

Solicitou que representasse os costumes do Japão desde o nascimento, cuidados com o bebê, educação familiar, casamento, velhice e morte, até a realização do serviço funeral. Queria que homens e mulheres fossem retratados em dois quadros separados. Como pagamento, prometera 150 *ryô* pelos dois volumes. O médico que acompanhava o *shôkanchô* holandês e que escutou a conversa pediu que desenhasse um conjunto idêntico para si.

Por muitos dias, Hokusai trabalhou com todo empenho. Sem demora, levou o trabalho na hospedaria em que se encontrava o *shôkanchô* — que, ao verificar o resultado, ficou extremamente feliz. Conforme prometido, pagou os 150 *ryô*.

Em seguida, Hokusai levou o segundo conjunto ao médico, que disse:

— Meu cargo não é o de *shôkanchô*, então não tenho tantos rendimentos. Não posso pagar os mesmos honorários. Consigo pagar-lhe a metade.

O rosto de Hokusai endureceu.

— Se era assim, por que não disse desde o princípio? Dizer que só pode pagar a metade depois de terminado o trabalho é inaceitável. Caso lhe entregue um trabalho idêntico pela metade do valor, pode parecer que enganei o *shôkanchô* cobrando o dobro. Se assim o fizer, causarei um problema em relação à credibilidade do povo japonês — afirmou.

Com expressão calma, o médico insistiu:

— Nesse caso, venda-me apenas o volume dedicado aos homens por 75 *ryô*.

Hokusai permaneceu firme.

— Não foi o prometido — disse e, sem entregar nada, voltou para casa.

Ao escutar o ocorrido, sua esposa ficou pasmada.

— Mesmo que fosse a metade, não estava bom?! Nossas economias estão minguando. Há uma grande diferença em ter a metade e não ter absolutamente nada. Se não vender esses desenhos agora para o holandês, ninguém mais irá comprá-los!...

Mesmo com o desabafo da esposa, Hokusai se manteve firme.

— Ele não cumpriu o prometido. Claro, eu poderia dizer "sim, sim", aceitar pelo menos a metade do pagamento e restabelecer as finanças da casa. Mas certamente pensarão que o povo japonês busca o lucro pessoal sem se importar com os princípios. Meu gesto poderia macular a confiança que se deposita no povo japonês. Jamais poderei agir assim.

Mais tarde, essa conversa chegou aos ouvidos do *shôkanchô*. Ele admirou a postura de Hokusai e comprou o segundo conjunto por 150 *ryô*, levando-o consigo para a Holanda.

Por fim, a arte de Hokusai despertou o interesse na Europa e, todos os anos, ele recebia novos pedidos do estrangeiro. Acabou por exercer grande influência em Van Gogh[15] e outros pintores impressionistas[16].

---

15 Vincent Van Gogh (1853-1890): pintor holandês.

16 Impressionismo: movimento artístico surgido na França na segunda metade do século XIX.

4

A recuperação da comunidade rural feita por Kinjirô Ninomiya (1)

A compreensão e o afeto da sua esposa possibilitaram a Kinjirô seus feitos históricos

Quando se fala de Kinjirô Ninomiya[17], a muitos vem à mente a estátua de bronze erguida no pátio de uma escola primária. Trata-se daquela criança com um fardo de madeira às costas, lendo um livro enquanto caminha. Sua dedicação aos estudos enquanto suportava as dificuldades da pobreza acabou por mudar seu futuro.

---

17 Kinjirô Ninomiya (1787-1856): nascido em Sagami, atual província de Kanagawa. Posteriormente, mudou seu nome para Sontoku Ninomiya.

Enquanto era um camponês, foi notado por Ôkubo Tadasane[18], daimiô do feudo de Odawara[19], que lhe ordenou que restabelecesse as finanças do território de Sakuramachi[20]. O solo de Sakuramachi estava infértil e o volume da colheita de arroz era irrisório. Não obstante, a coleta dos tributos sobre a terra permanecia austera, de modo que o êxodo de camponeses era constante. Naquele momento, mais da metade da terra cultivável encontrava-se abandonada.

O renascimento de Sakuramachi não se daria somente por meio da mera reforma financeira, ele significava restabelecer uma vida digna aos camponeses. Muitas pessoas competentes foram enviadas até então, e todas acabaram invariavelmente por falhar. Essa difícil missão, que sequer os samurais conseguiram cumprir, foi confiada a Kinjirô.

Kinjirô preocupava-se com sua esposa. Para cumprir a hercúlea tarefa, ele teria que prescindir da casa e das plantações e passar a viver em Sakuramachi. Calculava que, para realizar seu intento, seriam necessários dez anos. Ainda havia uma criança pequena — iriam acompanhá-lo?

---

18 Ôkubo Tadasane (1781-1837): sétimo daimiô do feudo Odawara.

19 Odawara: durante o período Edo, feudo estabelecido na região sudoeste de Sagami.

20 Sakuramachi: território pertencente a uma ramificação da família do daimiô de Odawara, localizado em Shimotsuke, atual província de Tochigi.

Depois de muito ponderar, comunicou sua decisão à esposa.

— Nosso senhor acreditou em alguém como eu para delegar uma importante missão. Caso não esteja devidamente preparado, não estarei apto a realizá-la. Por isso, decidi abrir mão dos arrozais da minha família e da nossa casa. Estou preparado para me esforçar sem parcimônia. Se, ao deixar minha casa, eu puder acabar com o sofrimento de centenas, talvez milhares de pessoas, ficarei satisfeito. Porém, talvez você não compactue com as minhas intenções. Se está disposta a enfrentar ao meu lado as dificuldades que virão, então partiremos juntos para Sakuramachi. Contudo, caso não deseje passar por tamanhas provações, pode voltar para a casa dos seus pais. Não irei forçá-la, faça como seu coração mandar.

A postura de Kinjirô não foi impositiva: "Aceite calada", "O trabalho de um homem é o que importa", "Mesmo que se explique, as mulheres não entendem". O esforço em transmitir com transparência seu desejo demonstra grande consideração à esposa — não seria essa uma característica muito importante na relação de um casal?

Sua esposa não hesitou.

— Suas palavras me surpreendem. Nem parecem suas. No instante em que coloquei o pé para fora da casa de meus pais e casei-me contigo, isso já estava decidido.

Se você tiver que passar por sofrimentos extremos, faremos isso juntos. Você não recebeu sozinho a incumbência do nosso senhor. Tal honra se estendeu a nós como casal. Estou preparada para suportar qualquer dificuldade, mesmo que seja ao custo da minha vida. Por favor, não se preocupe. Irei com você.

Kinjirô não cabia em si de alegria.

— Suas palavras fazem todo sentido! — riu-se e imediatamente começou a organizar a mudança.

A relação de um casal pode ser comparada com a de um piloto e um mecânico de avião. Se o marido é o piloto, a esposa é o mecânico que o auxilia. A razão de o piloto voar tranquilo é saber que há o mecânico.

Não fosse a profunda compreensão e carinho da esposa, de forma alguma seria possível a Kinjirô realizar os feitos que lhe garantiram o nome na história.

Acompanhado da esposa e do filho de 3 anos, Kinjirô mudou-se para Sakuramachi. Estava com 37 anos.

5

A recuperação da comunidade rural feita por Kinjirô Ninomiya (2)

Maior que a terra infértil é a dificuldade de lavrar o coração das pessoas

Lavrou-se a terra árida e dela multiplicou a plantação. Repararam-se os canais de irrigação e a água foi puxada para os arrozais. A restauração de Sakuramachi começara.

Desde que assumira o ofício, Kinjirô não se limitava a dar ordens do escritório — ao contrário, estava sempre em campo, vivenciando as dificuldades ao lado dos agricultores. Veremos um episódio emblemático.

Certo dia, Kinjirô saíra para conferir os trabalhos de desmatamento e preparo da terra. Um grande número de pessoas trabalhava, enxadas à mão. Dentre elas, destacava-se a maneira de trabalhar de um homem. De forma quase obsessiva, sua enxada cavava o solo com vigor, de modo que o homem suava profusamente. Parecia que trabalhava o dobro dos demais.

— Aquele sim tem o trabalho no sangue! — observou em voz baixa o oficial que acompanhava Kinjirô. Este, porém, acercou-se do homem e gritou:

— Crie vergonha na cara!

O homem, que esperava um elogio, ficou paralisado.

— Por que tenta enganar os outros? Você demonstra esse espírito de trabalho árduo somente quando algum encarregado passa em vistoria. Basta ele deixar o local e tenho certeza que relaxará o ritmo. Que descalabro! Se você quer contradizer o que afirmo, então mostre, trabalhe nesse ritmo até o sol se pôr. Ficarei assistindo. Vamos, comece!

Flagrado em sua desonestidade e safadeza, o pálido homem prostrou-se. Então, Kinjirô dirigiu-se aos demais em tom de advertência:

— Na ânsia de iludir os superiores e receber elogios, esse homem imprudente acaba desmotivando os demais trabalhadores honestos. Ao final, a única preocupação de todos será manter as aparências. E as aparências não bastarão para a reconstrução de Sakuramachi!

Era impossível ludibriar Kinjirô. Emocionadas, as pessoas voltaram a arar com suas enxadas.

Para executar a tarefa de cultivar uma nova terra, foram empregadas muitas pessoas, inclusive de outras províncias. Dentre elas, um senhor de mais de 60 anos chamado "Tôsuke das Raízes". O dia inteiro, ele nada fazia além de arrancar raízes, daí o apelido.

Os mais jovens detestavam arrancar raízes porque tomava muito tempo. Preferiam escolher locais onde só crescia capim, de modo que a lavoura era mais eficiente e seus progressos, mais visíveis e fáceis de ser avaliados. Assim, parecia que Tôsuke, que só lavrara áreas com raízes, não trabalhava nem a metade que os demais.

Seu constrangimento era visível no intervalo. "Estou velho e sem forças. Se, ainda assim, sentar-me com os jovens para descansar, estarei atestando ser um completo inútil", pensava e trabalhava sem descanso.

Certo dia, Kinjirô convocou Tôsuke. Acreditando que seria repreendido por seu fraco desempenho, o velho estava apreensivo.

Kinjirô o recebeu com um sorriso no rosto.

— Você trabalha duro todos os dias. Nestes últimos meses, tenho observado o modo como se esforça e não houve uma ocasião em que não fiquei admirado. Hoje, pensei em recompensá-lo, por isso o chamei.

Isso posto, presenteou-o com quinze *ryô*.

Muito surpreso, Tôsuke fez menção de recusar.

— Trata-se do meu desejo. Deixe de cerimônias e aceite. Você realiza o trabalho de modo diligente e constante, sem se preocupar com o julgamento dos demais. Além disso, por iniciativa própria, você se encarrega das tarefas que os demais desgostam e evitam. É uma postura admirável. Desculpe se invado sua vida pessoal, mas acredito que sérias circunstâncias devem tê-lo feito vir para cá em busca de trabalho, tão longe de casa. Leve este dinheiro para casa e faça dele bom uso para sua velhice e sua família.

Às gentis palavras de Kinjirô, Tôsuke derramou lágrimas e, feliz, retornou para sua terra natal.

Dentre os camponeses, havia aqueles que se revoltavam e outros que focavam em interesses pessoais, de modo que era sempre muito difícil se unirem.

Certa vez, ao entrar num *ofurô* circular, Kinjirô ensinou aos aldeões:

— Aqueles que pensam somente nos próprios lucros são como a pessoa que, num *ofurô*, sempre puxa a água quente para si. Por certo tempo, a água chega para junto de si, mas rapidamente passa por debaixo das axilas e retorna à posição original. Ao final, nunca será de fato beneficiado. Por outro lado, aquele que sempre considera o próximo e procura dividir o que possui é como a pessoa que empurra a água quente do *ofurô* para o lado oposto. Embora pareça que a água quente se afasta, na prática ela circula e retorna à pessoa. O outro fica feliz e a própria pessoa também se beneficia.

O que Kinjirô reiterava constantemente era o espírito altruísta. Renunciando ao individualismo que visa apenas o benefício pessoal, nasce a solidariedade e a união em prol de objetivos comuns, e projetos antes inconcebíveis são realizados.

Ao empurrar a água quente para longe, ela circula e retorna (altruísmo)

Ao puxar a água para si, ela passa debaixo das axilas e corre para o lado oposto (egoísmo)

6

A recuperação da comunidade rural feita por Kinjirô Ninomiya (3)

Repreendeu os vassalos: "A manutenção dos seus cargos é mais valiosa que a vida humana?"

Kinjirô Ninomiya adorava berinjela. O verão de 1833 recém começara. Ele comeu a berinjela servida na mesa de refeições e inclinou a cabeça. Embora fosse início de verão, tinha o sabor da berinjela de outono.

"Este ano o verão será ameno, então é possível que as mudas de arroz não cresçam." Ao imaginar essa possibilidade, Kinjirô recomendou aos camponeses de Sakuramachi que cultivassem milhete, mais resistente às intempéries do frio.

Como previsto, mesmo em pleno verão a temperatura não se elevou. As chuvas persistiram e o arroz não frutificou.

Começava a Grande Fome da era Tenpô. Kinjirô, que pesquisara os efeitos de uma grande fome desencadeada cinquenta anos antes, estimulou os camponeses:

— Logo uma grande fome nos atingirá. Cultivemos ainda mais milhete, painço e soja. — Assim, estimulou que todas as casas armazenassem cereais suficientes.

Os dois anos subsequentes foram de péssimas colheitas, até que, em 1836, a Grande Fome da era Tenpô alcançou escala nacional. Os mortos de fome somavam-se às centenas de milhares e, em diversos locais, erguiam-se montanhas de cadáveres. Era esse o estado das coisas.

Em Sakuramachi, por conta do apelo feito por Kinjirô, as reservas de grãos diversos foram suficientes, o que resultou em nenhuma morte por fome. E não apenas isso: enviaram seus estoques emergenciais de comida para as aldeias vizinhas e, assim, salvaram a vida de inúmeros camponeses.

A terra natal de Kinjirô, Odawara, também era vitimada por severa fome. Seu daimiô, Tadazane Ôkubo, encontrava-se acamado em sua residência em Edo, porém permanecia preocupado com a situação em seu feudo em Odawara. Então, pediu a Kinjirô que fosse a Odawara em seu lugar, encarregando-o de salvar a população da fome.

Para tal, concedeu uma permissão especial para abrir os armazéns de arroz estocados para emergências.

Kinjirô acorreu para Odawara. Lá, testemunhou um espetáculo de horrores além da imaginação, onde a população padecia os sofrimentos da fome.

Ele não esperou nem mais um instante. Imediatamente abriu os armazéns de arroz do castelo e se preparava para distribuí-los à população quando os vassalos de alto escalão se opuseram.

— O daimiô pode ter lhe autorizado a abrir os armazéns, porém, para nós, ainda não chegou nenhuma autorização formal. Acreditamos nas suas palavras, abrimos os armazéns e, no futuro, será terrível caso sejamos severamente repreendidos. Claro, sabemos se tratar de uma situação urgente. Mesmo assim, devemos enviar um emissário a Edo para consultar o daimiô.

Ao escutar aquilo, Kinjirô declarou sem cerimônia aos vassalos:

— Neste momento, milhares de pessoas estão em vias de morrer! Até enviar um emissário a Edo e ele retornar com a resposta, quantos dias se passarão, já pensaram nisso? Nesse intervalo, metade da população terá morrido de fome. Vocês consideram prioridade não incorrer em falta em vez de salvar vidas? É essa a postura dos responsáveis por governar o país? Ah, que crueldade! É por demais vergonhoso! Vocês são incapazes de compreender a preocupação do daimiô em relação ao seu povo, tampouco o sofrimento das pessoas face à fome. Afora esses fatos, qualquer argumento carece de sentido. Assim, tenho uma proposta aos senhores. Quero que façam jejum, não devem comer absolutamente nada até a conclusão desta discussão. Bem vestidos e bem alimentados, como vocês podem compreender os camponeses que desconhecem seu destino no dia que virá? Prática em vez de teoria. Antes de mais nada, jejuem e sintam o que é passar fome. Assim, acredito que naturalmente chegarão a uma conclusão.

Tais palavras retumbaram como um trovão. O espírito que valoriza a vida é como fogo. As razões se cravaram no peito das pessoas como flechas.

Incapazes de suscitar novas objeções, os vassalos concordaram em abrir os armazéns. Dessa forma, foi aberto o caminho para a salvação de dezenas de milhares de pessoas.

Kinjirô assumiu de corpo e alma a função de extirpar a fome e, dois meses e meio depois, quando cumpriu sua missão, retornou a Sakuramachi.

Mais tarde, os pedidos de auxílio feito a Kinjirô por reformas nas comunidades agrícolas se estenderam a toda a região de Kanto. Assim passou em azáfama seus dias.

Até morrer aos 70 anos, viveu sem bajular o poder nem almejar posição social. Dirigia-se pessoalmente às comunidades agrícolas devastadas, esforçando-se para salvar seus habitantes dos sofrimentos de uma vida miserável.

7

Konosuke Matsushita e a lendária conferência em Atami

Enquanto se pensa "O outro é ruim", não importa o quanto se argumente, não se chega a lugar algum

Os anos de fartura não duram. Os tempos difíceis certamente retornarão.

Em 1964, a Matsushita Electric (atual Panasonic) era vítima de grave crise administrativa. Isso porque a grande maioria das lojas operava no vermelho. Em busca de uma solução que superasse a crise, seu fundador Konosuke Matsushita (1894-1989) convocou a Atami[21] os representantes das 170 lojas espalhadas pelo país.

---

21 Cidade localizada na província de Shizuoka.

A conferência teve início e, com ela, um fluxo ininterrupto de reclamações por parte dos representantes das lojas.

— Do jeito que as coisas andam, iremos falir. Faça alguma coisa!

— Não negociamos nenhum produto de outros fabricantes, somente operamos com os seus produtos! O que fará por nós?

— Nos últimos anos, a qualidade dos produtos da Matsushita não é mais um diferencial.

Em uníssono, as vozes diziam que a razão de os artigos não venderem era Konosuke. Do palco onde recebera todo o ônus da culpa, ele dirigiu-se aos representantes e solicitou de forma enfática uma reflexão.

— Vocês se queixam contra mim, mas sou eu que desejo me queixar! Tive muitas experiências penosas na vida, vocês podem dizer o mesmo?

Enquanto todos pensassem que a responsabilidade era do outro, jamais chegariam a um consenso, não importa o quanto discutissem.

A querela prosseguiu no dia seguinte. Sem chegar a qualquer conclusão, a conferência se arrastou para o terceiro dia. No entanto, Konosuke Matsushita diferia daquele dos dias anteriores. Subiu ao palco e disse:

— Senhores, a Matsushita é a culpada de os ter levado a uma situação tão ruim — e abaixou profundamente a cabeça.

Por um momento, o local permaneceu em profundo silêncio.

Como se relembrasse algo do passado, ele começou a falar calmamente.

— Esse episódio ocorreu há trinta anos. Com a lâmpada que fabriquei em mãos, eu visitava todas as lojas e pedia que encarecidamente a colocassem à venda. Ainda era o começo, e a qualidade não era excelente. Mesmo assim, eu pedi a vocês porque iria me esforçar para ser o campeão do mundo nos negócios, e vocês concordaram em colocá-la à venda. Graças a isso, as lâmpadas da Matsushita Electric obteve reputação e conseguiu ser líder de mercado. A Matsushita existe até hoje graças aos senhores. Embora não devesse esquecer disso um só instante, eu o fiz durante esta conferência. É de fato imperdoável. A partir de hoje, a Matsushita Electric irá virar a página e, para isso, conto com o apoio de todos.

Ao final, sua voz se tornara chorosa. Os olhos dos participantes também se turvaram. Em vários pontos, lenços foram levados aos olhos.

A humildade de voltar ao propósito original e a sinceridade com que isso foi exposto tocou o coração de todos os representantes.

— Não é inteira responsabilidade do senhor Matsushita, nós também devemos virar página e nos esforçar. Todos se viram inebriados por aquela atmosfera.

Desse modo, a conferência de Atami teve grande sucesso. Depois, como consequência das reformas implementadas em um esforço combinado com as lojas, foi registrado um fantástico recorde de vendas, o maior desde sua fundação.

Quando opiniões divergem, é quase impossível haver concessão mútua. Porém, se as divergências permanecerem, ambos terão prejuízo.
Aquele que cede primeiro é o mais feliz.

Abandone a raiva.
Fique somente
com a gratidão.

8
YKK e Tadao Yoshida (1)

"Sem considerar o benefício do próximo, não se prospera." As palavras de Carnegie são um guia para a vida

O quanto as experiências da leitura marcam nossas vidas? Tadao Yoshida (1908-1993), fundador da YKK[22].

Durante a turbulência da era Shôwa, ele se tornou o maior fabricante de zíperes do mundo. Não se trata de mera história de sucesso: suas convicções são preciosas ideias que nos fazem refletir sobre a vida e as relações humanas.

Tadao Yoshida nasceu em 1908, na atual cidade de Uozu, província de Toyama. Na escola primária, certa vez o professor instruíra:

— Leiam com atenção as biografias de pessoas famosas e reflitam. Então, ele leu literalmente todas as biografias

---

22 Em 1994, as indústrias Yoshida mudaram de nome para YKK S.A.

disponíveis. Dentre elas, uma que lhe exerceu grande influência foi a de Andrew Carnegie[23], o rei do aço.

Nascido em uma família pobre, Carnegie quase não teve educação formal. Apesar disso, com esforço constante fundou uma fábrica de aço e obteve êxito estrondoso. Qual o segredo para tamanho sucesso? É o preceito que ele seguiu durante toda a sua vida pessoal e profissional: "Sem considerar o benefício do outro, não se prospera".

Isso causou profunda impressão em Yoshida. Mais tarde, ele relataria:

— Nunca esqueci aquele modo de pensar, mesmo sendo criança. Cresci e, desde o princípio dos meus negócios, fiz dele a base para a minha filosofia administrativa.

Tão logo completou o ginasial, começou a trabalhar. Muito decepcionado, entrava escondido no banheiro e rompia em lágrimas. Nessas ocasiões, jurava solenemente: "Não me deixarei derrotar por não possuir ensino mais elevado. De agora em diante, darei sempre o meu melhor, não importa os obstáculos no caminho".

---

[23] Andrew Carnegie (1835-1919): nascido na Escócia, emigrou para os Estados Unidos quando criança. Fez fortuna com aço e, com esse capital, participou ativamente da educação e da cultura, promovendo ainda campanhas pela paz.

"Não tenho estudo", "Não tenho dinheiro" não são determinantes para renunciar os sonhos. E o homem que fez das adversidades histórias inspiradoras para criar um negócio sem paralelo no mundo estava no Japão...

Yoshida trabalhou. Porém, em Toyama não encontrou sua empreitada. O centro dos negócios ficava em Tóquio. Escutando o noticiário político e econômico, um pensamento assomou-lhe com intensidade: "O lugar para um homem trabalhar é em Tóquio!". Embora isso fosse verdade, era impossível a um jovem sem condições financeiras e somente com estudo primário ir à capital. Pelo fato de estar confinado aos recônditos da região oeste do Japão, ele sentiu-se pressionado pelas dificuldades, como se elas o sufocassem.

Por fim, em 1928, finalmente decidiu: "Vou a Tóquio e lá procuro trabalho", e embarcou no trem noturno.

Era o outono dos seus 20 anos. Porém, a realidade era dura.

Vagou de empresa em empresa perguntando abruptamente:

— Ei, não gostaria de me empregar? Nenhuma empresa lhe dava atenção. Quando acabou o dinheiro da hospedagem, não tinha onde dormir, então conseguiu um emprego numa loja comercial onde trabalhava e pernoitava, administrada por um antigo morador de Toyama. Tratava-se de uma loja que importava e comercializava cerâmicas da China, como vasos, jarros e pratos.

Antes de tudo, o recém contratado Yoshida ponderava de que forma poderia ser útil na loja. Nas estantes, alinhavam-se dezenas de amostras variadas de cerâmica. Porém, eram muitas as ocasiões em que um cliente pedia, por exemplo, dez unidades de determinado prato e ele não sabia onde eles estavam guardados no depósito. Isso porque o controle do estoque era descuidado. Então, nos intervalos do seu trabalho corrido, Yoshida ordenou todos os produtos e fez uma lista do estoque. Graças a tal, mesmo que recebesse uma encomenda urgente, poderia responder ao cliente de imediato: "Temos x unidades" ou "Desculpe, não temos estoque suficiente".

Isso muito alegrou seu chefe. Era tamanha a confiança no funcionário que, um ano após a sua contratação, ele disse a Yoshida:

— Você irá a Xangai no meu lugar para comprar peças de cerâmica para reposição do estoque. Tratava-se de uma função de grande importância, que seria capaz de controlar todo o resultado do trabalho da loja.

O que deveria ser comprado em Xangai estava determinado por ordens do empregador. Porém, em certa medida, poderia adquirir algumas peças ao seu critério. Antes de mais nada, pensava: "O que posso fazer para deixá-lo despreocupado?". Apesar da confiança depositada em si, certamente deveria sentir insegurança oriunda da inexperiência.

Então decidiu enviar todos os dias, invariavelmente, uma carta para o Japão. "Hoje, fui em tal loja e conferi tais mercadorias", relatava com minúcia. "Uma fornada de cerâmicas vinda das montanhas, devemos comprá-la?", para cada ação pedia antes a sua aprovação. Ao agir sempre consultando e relatando seus passos, deixa o patrão ficar tranquilo e evita cometer algum erro crasso. E poderia aproveitar oportunidades.

Por conta disso, a confiança em Yoshida foi crescendo, até que este tornou-se o encarregado das compras em Xangai. Porém, em 1932, sofrendo as consequências de uma recessão global, a loja acabou por abrir falência. No depósito da loja Furuya, restaram zíperes que seriam exportados para a China. Yoshida comprou-os e, em janeiro de 1934, fundou em Nihonbashi, Tóquio, uma companhia dedicada à manufatura e comércio de zíperes.

A equipe se resumia a Yoshida e mais duas pessoas. Essa pequena empresa seria o início do empreendimento da YKK.

9

YKK e Tadao Yoshida (2)

Praticou o princípio de sempre considerar o próximo e se tornou magnata dos zíperes

A empresa fundada por Yoshida em Tóquio, com dois funcionários, começou a se expandir de modo constante. Quatro anos depois, em 1938, foi construída uma nova fábrica e o número de funcionários cresceu para aproximadamente oitenta.

No entanto, os grandes bombardeios ocorridos em Tóquio em março de 1945[24] transformaram tudo em cinzas. Reduzido novamente a nada, Yoshida retornou a Toyama.

---

24 Ataques aéreos das tropas norte-americanas durante a Guerra do Pacífico (1941-1945). O número de vítimas ultrapassou 100 mil, um montante sem precedentes na história.

Determinado a reabrir o negócio em sua terra natal, ele ergueu fábricas no centro das cidades de Uozu e Kurobe. Almejando êxito nos negócios, fez da frase de Carnegie, "Sem considerar o benefício do próximo não se prospera", seu próprio e verdadeiro conhecimento. Denominou-a "Círculo do Bem" e fez dela a orientação na condução dos negócios.

A palavra que Yoshida usou para "círculo", *junkan*, não consta no dicionário, tratando-se de neologismo. Semear o bem significa ampliar o círculo de felicidade. Ele escreveu que a "semente do bem" é "sempre ter a gentileza de considerar o próximo", que seria o "espírito que leva em conta o benefício do outro".

Entre 1955 e 1965, almejou a construção de uma fábrica de produção de zíperes da matéria-prima ao produto final. Assim, para fabricar o tecido utilizado nos zíperes, a fiação do algodão, tecelagem e até o tingimento seriam feitos nas dependências das fábricas. Ponderando sobre os prós e contras na empresa, Yoshida tomou uma decisão crucial, que assim expressou:

— A YKK é uma fabricante de zíperes, não uma indústria têxtil ou uma siderúrgica. No entanto, para oferecer ao consumidor um produto de qualidade indiscutível a preço acessível é preciso produzir matéria-prima de bom nível para fazer peças que compõem os zíperes. Não importa a eficiência do maquinário ou o avanço da técnica. Se houver problema com as matérias-primas — o cobre ou tecido, por exemplo —, é impossível fazer um zíper de qualidade.

Com espírito similar, implementou uma pesquisa com uma liga de alumínio[25] adequada a zíperes, a um altíssimo custo. Ao fim de inúmeras provações, obteve sucesso no seu desenvolvimento e, em 1958, começou sua produção em massa.

A qualidade da liga de alumínio alcançou patamares jamais imaginados e a YKK foi reconhecida como uma das duas únicas indústrias no mundo capazes de produzir material dentro desse padrão. Um fluxo ininterrupto de pedidos vinha dos Estados Unidos, do Sudeste Asiático e outras partes do mundo.

Foram construídas as fundações para o grande salto.

Além disso, a YKK prosseguiu no seu desafio de implementar medidas positivas. Sua força motriz era Yoshida, que, sempre entusiasmado pelo desejo de se aprimorar, acabava incentivando os funcionários com essa mesma paixão. O princípio era:

> No momento em que os outros estiverem instaurando o que fabricamos aqui, já temos que estar desenvolvendo novos produtos. Devemos caminhar sempre um passo à frente dos demais. Por isso, continuo dizendo aos funcionários

---

[25] Metal que mistura alumínio e magnésio. De dureza moderada, tem a vantagem de ser mais leve e barato que o cobre.

para não ter medo de cometer falhas. Mesmo que incorra num erro, digo para se esforçar da próxima vez, não rebaixo de posto por causa disso. Por isso, os funcionários conseguem trabalhar confiantes. Cada um pensa individualmente e, quando considera ser algo aproveitável, discute com o responsável e imediatamente coloca em prática.

Trabalhamos numa empresa, portanto não podemos operar sem produzir lucros.

Tadao Yoshida expõe seu pensamento sobre "ganhar dinheiro" na seguinte anotação.

No momento em que sinto que a YKK está ajudando os consumidores a viverem bem com o que produzimos é quando sinto prazer nos negócios. Melhor ainda se isso nos traz lucros. No entanto, existem pessoas que iniciaram seus negócios com uma filosofia que é totalmente o oposto. São pessoas que trabalham visando o lucro. E, de fato, conseguem ficar ricos e com esse dinheiro, moram em casas luxuosas, comem em restaurantes requintados e vestem roupas caras. À primeira vista, parecem ricos. Porém, a expressão em seus rostos carece de vivacidade. Prova de que seus espíritos estão poluídos. Por exemplo, suponhamos que haja pessoas que retêm seus produtos nos estoques prevendo um aumento em seus preços. Apesar da demanda, não põem as mercadorias à venda e esperam por um momento oportuno. Ganham dinheiro e se exultam: "Lucrei!". Porém, a retaliação é imediata.

Durante a crise do petróleo de 1973, a YKK também foi vítima de grandes tribulações. Houve a eclosão da Guerra do Yom Kippur[26] e a Opaep[27] anunciou que haveria redução significativa na quantidade de petróleo exportada ao Japão.

"Sem petróleo, as empresas sofrerão um baque. Não haverá mais fabricação dos produtos nem importação!". A especulação se espalhou e a população foi tomada pelo pânico. As donas de casa acorreram para estocar gêneros de primeira necessidade como detergentes, lenços de papel e papel higiênico que desapareceram dos supermercados. Com o salto dos preços, surgiram muitas empresas pegando carona nesse aumento e retendo os produtos para vendê-los mais caro.

O custo da matéria-prima para a confecção de zíperes mais que dobrou, porém a YKK não ajustou o preço de maneira desenfreada. E não apenas isso. Na festa de Ano Novo, em janeiro de 1974, Yoshida voltou-se para os cerca de 1.700 presentes e declarou:

— Mesmo que a YKK tenha um prejuízo de 10 bilhões de ienes, não iremos reajustar. É impossível que a atual alta desenfreada de preços prossiga por um longo período.

---

26 Conflito em que o Egito e Síria marcharam contra Israel, com duração de vinte dias.

27 Organização dos Países Exportadores de Petróleo, formada em 1968.

Até o recuo aos níveis normais, a YKK absorverá o prejuízo relativo ao aumento dos preços das matérias-primas.

Além disso, sugeriu aos participantes:

— Disponibilizem ao consumidor todos os seus estoques. Será que os preços não vão aumentar ainda mais? Dizem que quem retiver os estoques obterá lucros incríveis, porém não é assim que penso. Este é o momento de servirmos os consumidores com a mente límpida e completa honestidade.

Conforme Yoshida predisse, meses depois o estado de desordem acalmou. Os prejuízos da YKK estabilizaram em apenas 4 bilhões de ienes. Enquanto outras empresas aproveitavam a crise do petróleo e se beneficiavam com o aumento dos preços, Yoshida declarou de forma ostensiva:

— Agora, apesar de desvantajoso para nós, faremos preços justos ao consumidor!

Essa declaração foi veiculada nos meios de comunicação em massa, o que apenas serviu para aumentar ainda mais a confiança em Tadao Yoshida e na YKK.

Sediada em Toyama, nos chamados "fundos do Japão", sem qualquer relação com o palco central, a YKK deu um enorme salto. Hoje, ela se tornou uma grande empresa, cujos negócios se expandiram para cerca de setenta países. Pegue algo que utilize zíperes — calças, saias, malas etc. — e olhe com atenção. Nos fechos, não são muitos os que possuem as iniciais "YKK" gravadas?

Seus zíperes superam os 90% do mercado japonês e, no mundo, a YKK orgulha-se em deter cerca de 50% do mercado de zíperes.

Assim como Carnegie se tornou o rei do aço, Tadao Yoshida se tornou o rei dos zíperes.

10

Cartas são um diálogo entre corações

Tolstói, que se emocionou com as cartas do estudante

Uma carta carrega em si grande força. É um diálogo entre corações, que atravessa as barreiras das posições sociais e idades e pode causar mudanças significativas na vida das pessoas.

Quando era um estudante universitário na França, aos 21 anos de idade, Romain Rolland (1866-1944) se preocupava: "De que forma devo viver?". Lera um romance do mestre da literatura, o russo Leon Tolstói (1828-1910), e essa preocupação se aprofundou ainda mais.

Corajosamente, Rolland lhe escreveu uma carta. Em seu conteúdo, pedia do fundo do coração: "Por favor, esclareça a minha dúvida". Será que o mais famoso escritor da época escreveria uma resposta a um estudante anônimo?

Esperou durante um, dois meses mas não recebera nada. Pensando com bom senso, ele próprio sabia que seria uma coisa impossível. Porém, seis meses depois, recebeu uma resposta tão volumosa, que seria posteriormente publicada na forma de ensaio.

A carta começava da seguinte forma: "Recebi sua primeira carta. Senti-me profundamente tocado por ela e a li com lágrimas nos olhos." A sinceridade da carta de Rolland tocara o coração do grande mestre da literatura. Como Tolstói escrevia o épico *Teoria sobre a vida*, atrasou a responder, mas o fez de forma esmerada.

Em que medida a carta encorajou Rolland é impossível mensurar. Rolland tomou Tolstói por mestre e prosseguiu com suas atividades literárias e, por fim, tornou-se um escritor representativo da França. Aos 49 anos, foi agraciado com o Prêmio Nobel de Literatura por seu romance em dez volumes *Jean-Christophe*.

De renome mundial, Rolland também respondeu de forma afável as cartas de seus leitores durante toda a vida, da mesma forma que o fez Tolstói.

11

Millet e a luta contra a pobreza

Por trás do resgate do famoso pintor da miséria, a gentil mentira de um amigo

Mesmo o pintor francês François Millet (1814-1875), autor de obras como *As respigadoras* e *Angelus*, teve um período de luta contra a miséria.

Millet vivia em Barbizon, nos subúrbios de Paris, e pintava o cotidiano dos camponeses. Contudo, sem vender suas telas, encontrava-se em profunda pobreza. Em certo dia frio de inverno, Théodore Rousseau (1812-1867), seu amigo íntimo, que já era famoso, visitou o pintor. No aquecedor do amplo aposento não havia fogo. Logo percebeu que ele não possuía dinheiro sequer para comprar lenha. Naquela casa cujo frio congelava corpo e mente, Rousseau iniciou uma cálida conversa.

— Surgiu uma pessoa interessada nas suas pinturas. Além disso, ela confiou a mim a seleção de um quadro. Queria trazer a notícia o quanto antes. Pode-me mostrar aqui suas pinturas?

Na sala, estavam expostas diversas pinturas de camponeses. Rousseau as olhou uma a uma e apontou para aquela intitulada *O camponês enxertando uma árvore*.

— É uma obra-prima! Fantástica! Poderia vendê-la?

Claro que Millet não fez qualquer objeção.

Rousseau tirou um envelope do bolso interno do casaco.

— Como pagamento, ele me deixou somente isso. Sei que é pouco, mas, em consideração a mim, será que poderia aceitar?

Como se se desculpasse, Rousseau deixou o envelope e voltou para casa.

Para Millet, apenas pelo fato de vender uma pintura já estava grato. É impossível saber o quão grato ele estava ao amigo que atuou como intermediário. Além disso, dentro do envelope havia uma incrível soma de dinheiro. Com essa renda, Millet poderia imergir na criação de sua arte sem se preocupar com o bem-estar da sua família.

Anos depois, foi a vez de Millet visitar Rousseau em sua residência. Lá, seus olhos foram atraídos por uma pintura na sala de estar. E não é que era *O camponês enxertando uma árvore*, de sua autoria?

Naquele instante, Millet pôde compreender pela primeira vez a extensão da consideração do amigo. Russeau, não querendo que seu amigo Millet tivesse uma vida sofrível, criou aquela história para poder lhe ajudar.

— Obrigado.

Millet segurou a mão de Rousseau, agradecido por amizade tão profunda.

12

O homem que errou e acabou promovido

Ao jovem que pediu desculpas sinceras — "Cochilei" — o daimiô confiou importantes tarefas

— Que horas são?

Despertando de repente no meio da noite, o daimiô de Bizen Okayama, Mitsumasa Ikeda (1609-1682), perguntou na direção do aposento contíguo. Lá, deveria haver alguém em vigília constante. Sua função era salvaguardar seu senhor sem dormir. Naquela noite, o turno era do jovem de 17 anos Nagatada Tsuda (1640-1707). Porém, ele por imprudência cochilara e não escutou o pedido de informe das horas.

Bem, o que dizer ao daimiô? Nagatada pediu desculpas sinceras:

— Perdoe-me. Acabei dormindo sem querer e não sei dizer que horas são.

Naquele momento, Mitsumasa não insistiu na negligência. "É um homem que cumpre suas tarefas", disse para si — segundo consta nos registros.

Nos momentos em que falham, as pessoas tendem a imediatamente inventar desculpas, mentir e se justificar. No entanto, Nagatada respondeu com honestidade. Mitsumasa avaliou alto tal postura e vislumbrou: "Este é um homem a quem poderei confiar grandes tarefas".

Posteriormente, Nagatada foi selecionado para um importante cargo e, durante toda a vida, cumpriu com as expectativas do seu daimiô.

Sejam medidas políticas, agrícolas ou o aperfeiçoamento da educação, ele deixou um legado de grandes contribuições.

13

O jardineiro anônimo e o pintor mais famoso do Japão

Fazer com os pés o que deveria ser feito com as mãos é indigno de confiança

Na residência de Gahô Hashimoto (1835-1908), pintor japonês representativo da era Meiji, existia um jardim cuidado com muito esmero. Os cuidados das plantas ficava a cargo de um jardineiro.

Como de costume, o jardineiro estava para entrar na residência quando a esposa de Hashimoto o informou:

— Meu marido pediu para avisar que seus serviços não serão mais necessários. Tratava-se de uma demissão arbitrária!

— Mas por quê? — perguntou surpreso, e a resposta foi apenas:

— Não informou o motivo.

Gahô sempre dizia: "As plantas devem ser confiadas a um especialista", e incumbia seu jardineiro de cuidá-las. Não houve uma única vez em que deu palpites ou reclamou do seu trabalho. Ele próprio achava que trabalhava com toda dedicação. Assim, não estava disposto a ir embora calado.

— Onde errei? Gostaria ao menos de uma justificativa! — implorou à esposa.

Como não era afeito a criticar as pessoas, Gahô não era de falar muito. Por fim, ao escutar que o jardineiro estava pedindo perdão, explicou a situação à esposa.

— Ontem, da abertura da porta corrediça que faz frente para o jardim, presenciei uma cena que me deixou boquiaberto. Aquele homem, em vez de varrer com a vassoura os galhos que caíam no chão após a poda, simplesmente os juntava com os pés. Fazer com os pés o que deve ser feito com as mãos? Já não posso mais confiar nele. Pessoas que poupam trabalho quando ninguém está olhando ou aqueles negligentes não podem executar tarefas importantes.

Aquelas palavras cravaram fundo no peito do jardineiro. Num átimo, foi percebido o seu desleixo e mau comportamento ao executar o trabalho.

Profundamente envergonhado, o jardineiro pediu sinceros perdões. O arrependimento foi transmitido a Gahô, que lhe concedeu uma segunda chance e confiou-lhe mais uma vez os cuidados com as plantas.

Aquilo que Gahô — que obteve maestria no caminho que escolhera, a pintura — identificou foi perspicaz. Porém, o gesto do jardineiro, que olhou para dentro de si sem objetar, "Mas isso é um detalhe insignificante!", também é notável.

O jardineiro levou essa lição para a vida e, por fim, passou a ser chamado de mestre em jardinagem, dizem.

> *Veja!*
> *As cerejeiras no coração da montanha*
> *florescem com vigor*
> *e desapercebidas.*

14

A origem de *mottainai*

O belo Ananda, que recebeu a doação de roupas de quinhentas mulheres

A ativista ambiental[28], vencedora do Prêmio Nobel, tomou conhecimento do conceito de *mottainai* e ficou profundamente impressionada. De forma a tornar o termo conhecido mundialmente, ela, em uma sessão da ONU, pediu aos participantes que repetissem em coro: *"Mottainai"*.

O termo japonês *mottainai* não tem qualquer relação com o ato de ser mesquinho, estando repleto do sentimento de usar as coisas com cuidado. Essa filosofia aparece em grande número de histórias do budismo, base do pensamento do povo japonês.

---

28 Wangari Maathai (1940-2011): nascida no Quênia, recebeu o Prêmio Nobel da Paz em 2004.

O discípulo do Buda Sakyamuni, Ananda[29], era famoso por sua grande beleza. Além disso, era gentil, tornando-se objeto de adoração entre as mulheres. Essa fama se refletiu na ocasião em que foi convidado por certo rei a fazer um sermão: a audiência era composta por todas as mulheres do castelo, entusiasmadas em ouvir suas palavras. Após escutarem sobre o significado de viver como humano, as mulheres, profundamente tocadas, queriam muito demonstrar sua gratidão. Assim, todas as quinhentas mulheres doaram as roupas caras que acabaram de receber do rei.

No dia seguinte, o rei olhou para as mulheres que cuidavam do preparo do café da manhã e se espantou. E não é que todas vestiam roupas velhas?

— Por que não estão vestindo as roupas novas que lhes dei?

À pergunta, elas responderam:

— Como forma de expressar nossa gratidão pelo sermão budista que escutamos, nós as doamos.

O rei não gostou nem um pouco. Aos poucos, foi ficando furioso. Imediatamente, convocou Ananda ao castelo e o interrogou.

— É verdade que recebeu quinhentas peças de roupa?

Ananda respondeu calmamente:

— Isso mesmo. Não são para uso pessoal. Foram peças

---

[29] Um dos dez grandes discípulos do Buda.

doadas com a intenção de serem utilizadas para fins do budismo. Não havia motivo para recusá-las. Recebi-as agradecido.

— E o que pretende fazer com tantas roupas?

— Existem muitos discípulos do Buda Sakyamuni. A doação será distribuída entre eles com muita consideração às doadoras.

Àquelas palavras, o rei, que naturalmente desejava seguir o budismo, não pôde objetar. Porém, insistiu de forma maldosa:

— Então, jogará fora as roupas velhas usadas até então?

— Não, usaremos como roupas de baixo.

— E o que farão com as roupas de baixo velhas?

— Costuraremos e as transformaremos em colchonetes.

— E os colchonetes?

— Transformaremos em capacho.

— E os capachos?

— Em panos para limpar os pés.

— E os panos para limpar os pés?

— Cortamos em pedaços pequenos, que usamos para misturar o barro aplicado no chão e nas paredes. Nunca desperdiçamos as coisas recebidas em caridade.

O rei demonstrou grande admiração pelos discípulos do Buda, que sabiam, em qualquer ocasião, fazer o melhor uso dos objetos, sem jamais desperdiçá-los.

15

Saya e Anathapindada

Ao abrir um sorriso, o espírito se amacia
e as pessoas ao redor também
se tornam agradáveis

À medida que o rubro sol poente desaparecia atrás das montanhas, um sentimento de tristeza e solidão invadia o coração da jovem Saya. Enquanto seus amigos voltariam para casa onde seus pais os esperavam, Saya não possuía pai e mãe para recebê-la com um sorriso no rosto. Ambos faleceram quando ela era muito nova.

Quando se tornou órfã, Saya foi levada para trabalhar na mansão do milionário Anathapindada[30]. Seu trabalho diário consistia em cuidar do bebê e lavar a louça. Ao pensar que já não possuía neste mundo uma mãe que a abraçasse com carinho, Saya não conseguia conter as lágrimas de tanta tristeza. Depois que os amigos com quem brincava iam embora, ela se sentava na beira do caminho e, sem se dar conta, chorava em voz alta. Ela ainda era uma criança de 10 anos.

Um monge que passava lhe disse:

— Mas o que é que aconteceu, menina? Veja o arrebol, que lindo!

Quando Saya parou de chorar, o monge, com um sorriso no rosto, perguntou qual a razão de tamanha tristeza.

— Quando penso que gostaria de encontrar mais uma vez meu pai e minha mãe mortos, não consigo evitar as lágrimas...

— Ah, então sente-se sozinha. Deve ser difícil, mas o Buda Sakyamuni ensinou que todos os seres humanos estão sozinhos[31].

---

30 Anathapindada: milionário do antigo reino de Kosala, na Índia. Ele se compadecia dos órfãos e os ajudava com roupas e comidas. Por isso, ficou conhecido por Anathapindada que tem a conotação de "ajuda aos órfãos". Seu nome de fato era Sudatta.

31 No *Sutra da vida infinita*, o Buda diz: "Sozinhos nascemos, sozinhos morreremos, sozinhos viemos, sozinhos partiremos".

— Então, eu não sou a única sozinha? O que devo fazer para que esta tristeza desapareça? Gostaria de escutar as palavras do Buda Sakyamuni...

Saya fez perguntas uma após outra.

— Todos podem escutar seus sermões! Vá quando desejar.

Feliz, Saya pediu permissão a Anathapindada e começou a ouvir o sermão do Buda.

Aconteceu certo dia.

Após o término do jantar, Anathapindada caminhava pelo jardim quando notou que Saya trazia um grande alguidar de madeira. "O que será que pretende fazer?..." Observando, viu ela deitar a água na grama e falar:

— Aqui, este é o arroz, sirvam-se. Aqui está o chá...

— Mas, o quê...? Arroz? Chá? O que está dizendo?

Anathapindada chamou Saya e perguntou o porquê daquilo.

— Estou ofertando às plantas e insetos a água que usei para lavar as tigelas!

— Ah, é? Mas "ofertar" é uma palavra bem difícil, quem lhe ensinou?

— Foi o Buda Sakyamuni. Ele ensina que, todos os dias, devemos praticar boas ações, mesmo que poucas, e evitar as más ações. Dentre as boas ações, a mais importante é a generosidade. Ele diz que devemos ofertar dinheiro e bens para salvar os miseráveis e as pessoas em dificuldade, e devemos nos esforçar para transmitir seus ensinamentos ao maior número de pessoas. Como eu não tenho nada, eu lavo bem as tigelas onde restam alguns grãos de arroz e gostaria, pelo menos, de servir a água às plantas e aos insetos.

— Hum... Foi um belo sermão esse que escutou, Saya. Muito bem. No dia em que houver sermão do Buda, não precisa trabalhar. Saia de manhã cedo e vá escutá-lo com atenção.

— Mesmo?! Que bom. Muito obrigada.

Alguns dias depois.

Anathapindada percebeu que Saya repentinamente se tornara alegre. Estava sempre trabalhando feliz. Anathapindada ficou curioso e a chamou para conversar.

— Saya, você está sempre sorrindo. Aconteceu algo para deixá-la tão feliz?

— Sim. O Buda Sakyamuni ensinou que mesmo alguém sem dinheiro ou bens materiais como eu pode fazer as sete doações, basta possuir o sentimento de consideração. Saber que mesmo eu tenho coisas que posso ofertar me deixou feliz...

Esse é o famoso ensinamento chamado "Como praticar as sete doações sem possuir bens", que consta do *Sutra dos tesouros variados*. Dita por Saya, de 10 anos, a expli-

cação pode parecer um pouco difícil, então expliquemos o sentido de maneira simples.
1. Interagir com um olhar afetuoso.
2. Interagir com um sorriso alegre e meigo no rosto.
3. Dizer palavras sinceras.
4. Trabalhar para o bem das pessoas e da sociedade. Trabalho voluntário.
5. Expressar palavras de gratidão, como "por favor" e "obrigado".
6. Oferecer o lugar.
7. Caso alguém visite, ofereça refeição e hospedagem por uma noite, demonstre gratidão pelo trabalho.

Esse ensinamento foi transmitido na Índia há 2.600 anos, porém, não podemos deixar de pensar que, nos selvagens dias de hoje, é que tais gestos são necessários.

Bem, voltemos à história de Saya.
Ela continua falando com rosto risonho voltada para Anathapindada.
— Como eu acho que vou conseguir colocar em prática a segunda caridade, então me esforço para interagir com as pessoas com um sorriso meigo no rosto.
— É mesmo? Quer dizer que sorrir é tão bom assim?
— Sim. Caso meu rosto seja triste e sombrio, as pessoas ao redor se tornam tristes e, com isso, eu também acabo

me sentindo péssima. Mesmo que esteja sofrendo, coloque um sorriso no rosto que a sensação ruim se alivia. As pessoas em volta também se alegram. Desde que decidi sorrir sempre, as coisas dolorosas que pensava, como a ausência dos meus pais, aos poucos se tornam menos tristes. Quando quero chorar, experimento sorrir e, assim, acalmo.

O coração de Anathapindada, que a tudo ouvia calado, se aqueceu.

— É uma bela história, Saya! Eu também gostaria de escutá-la. Me leve ao local onde fica o Buda Sakyamuni.

16

A construção do templo Jetavana

"Poderia construir sozinho, mas optei por receber a ajuda de muitas pessoas"

Observando que a cada dia a órfã Saya se transformava, tornando-se mais alegre, Anathapindada passou a desejar escutar os sermões do Buda Sakyamuni. Quando finalmente cumpriu a grande aspiração da sua vida, a emoção de Anathapindada era enorme.

— Ah, o Buda Sakyamuni é admirável! Não posso deixar de fazer uma reflexão profunda da minha vida até então. Gostaria de dividir esta felicidade com o maior número de pessoas. Para tal, é necessário um local onde todos possam se reunir, um templo onde seja possível escutar os sermões.

Tomada a decisão, Anathapindada pediu permissão ao Buda e, após concedida, com muita alegria começou a procurar um terreno para a construção.

Próximo à cidade seria barulhento, um empecilho para escutar os sermões. Por outro lado, um local distante seria inconveniente. O local deveria oferecer proteção contra cobras venenosas e animais selvagens. Por fim, encontrou o local perfeito, que cumpria com todos os pré-requisitos. Tratava-se de uma floresta de propriedade do príncipe Jeta, do reino de Kosala. Era um terreno amplo, distante cerca de 500 metros da cidade.

Ao entrar na floresta, sentia-se um suave vento refrescante. Podia discernir o arroio das águas límpidas de um riacho, e o chilrear dos pássaros era prazeroso.

— É aqui. Não há outro local senão este.

Com essa convicção, Anathapindada propôs ao príncipe Jeta que gostaria que este lhe vendesse a terra. No entanto, o príncipe recusou.

— Absurdo, de modo algum — respondeu inflexível.

Mesmo assim, Anathapindada não desistiu. Foi pedir reiteradas vezes. O príncipe ficou completamente atônito com tamanho entusiasmo. Então pensou que, caso impusesse condições absolutamente irrealizáveis, ele haveria de desistir.

— Está bem. Cubra todo o terreno com moedas de ouro. Com essa quantia, o terreno será seu — disse.

Era uma soma extraordinária. Porém, a reação de Anathapindada foi inesperada. Ficou extremamente feliz. Sem demora, sacou as moedas de ouro dos armazéns e começou a carregá-las em veículos. Em seguida, começou a enfileirá-las na terra pretendida.

— Vamos, transportem rápido! Se os cofres ficarem vazios, tudo bem. Carreguem, carreguem!

A floresta coberta de verde rapidamente se viu transformada em dourado. O príncipe ficou boquiaberto.

— Anathapindada, espere! Por que o terreno é necessário a esse ponto?

— Aqui construirei um templo e o ofertarei ao Buda Sakyamuni. Não será apenas para o meu benefício. Gostaria que todas as pessoas pudessem ouvir os sermões do Buda. Mesmo que tenha uma fortuna guardada nos armazéns, quando chegar a hora da morte não levarei uma moeda sequer. Prefiro utilizá-las para levar a felicidade a muitas pessoas.

O coração do príncipe foi profundamente tocado.

— Ah, se é capaz de reverenciar o Buda a esse ponto, que pessoa grandiosa ele seria? Por favor, pare de espalhar as moedas de ouro. Eu lhe concedo a terra. Também deixe-me ajudá-lo com a construção. Doarei todas as árvores do terreno para serem usadas na obra.

Assim, a construção do templo começou. Então, Anathapindada pensou: "Meus recursos bastam para construir o templo sozinho, mas não seria melhor contar com a participação de todos? O Buda Sakyamuni ensina que a caridade é uma boa ação preciosa. Mais do que a variação do montante de dinheiro, o que vale é a intenção...".

Sem demora, afixou uma tabuleta na cidade com os seguintes dizeres: "Construamos o templo para que seja possível ouvir os sermões do Buda Sakyamuni. Caso queira tomar parte nessa grande empreitada, mesmo que seja com uma contribuição mínima, será bem-vindo. Aceitamos doações."

Isso espantou a todos. Eles achavam que a boa ação da caridade era exclusiva dos ricos. "Eu também posso participar!". Essa alegria se espalhou pela cidade. Havia quem trouxesse jóias preciosas ou tecidos bordados feitos à mão. A quantidade e a qualidade variava, porém o sentimento com que ofertavam era precioso e indistinto.

Assim, o imenso templo foi concluído e recebeu o nome de Jetavana Anathapindadakassa Arama. Seu nome faz referência ao príncipe Jeta e à floresta por ele doada, a Anathapindada e ao terreno por ele adquirido. Sua forma abreviada ficou Jetavana, conhecida também como Gion.

Um dos clássicos mais celebrados da literatura japonesa, *Conto dos Heike*[32], faz menção a esse famoso mosteiro que foi construído com a caridade de muitos, imbuído pelo desejo de "compartilhar essa felicidade": "O sino do templo Gion ecoa a impermanência de todas as coisas".

---

32 Crônicas de guerra sobre as disputas, ascensões e quedas dos clãs Genji e Taira.

PARTE 4

Flores multicoloridas florescem nos campos

1 O presente do meu marido

Leitora de 39 anos, província de Fukui

Depois de um longo período de internação para fazer tratamento de câncer, meu marido voltou para passar uma noite em casa. Assim que chegou, disse que queria sair para ver um acessório do carro. Era seu passatempo favorito e por isso concordei, embora estivesse preocupada em deixá-lo sair sozinho.

Quando voltou, trazia nas mãos uma grande sacola e no rosto, um sorriso estampado.

— Feliz aniversário!

Emocionada, abri o embrulho e vi que era uma linda bolsa. Mais do que o presente, o que me tocou foi a consideração de ter saído para escolher uma lembrança, apesar do seu corpo martirizado pelo tratamento.

A bolsa foi seu último presente, e para mim a mais preciosa relíquia. Quando minhas filhas crescerem, quero que saibam que seu pai foi uma pessoa maravilhosa, e que vivemos felizes até o último instante de sua vida.

2 Gentileza de um estranho

Leitora de 26 anos, província de Chiba

Viajava em pé num trem lotado com minha filha pequena. Era um percurso que levaria quase duas horas. Meus pés doíam e senti o cansaço se apossar de mim. Logo, a criança começou a chorar. Tentei distraí-la, mas em vão, e cada vez mais a minha paciência foi se esgotando.

Nesse momento, um jovem se levantou e disse:

— Ei, vou descer no próximo. Sente-se aqui.

Agradeci e sentei, aliviada. O rapaz sorriu e se dirigiu para o outro vagão.

Depois da longa viagem desci do trem, e para minha surpresa, percebi que o jovem que havia cedido o lugar descera na mesma estação. Quis agradecer mais uma vez mas não consegui alcançá-lo.

— Obrigada... — murmurei, vendo sua silhueta desaparecer na multidão.

3 Sentimentos de consideração e gratidão

Leitora de 61 anos, província de Shizuoka

Por volta das 6h da manhã, o telefone tocou. Achei estranho que alguém ligasse tão cedo, e atendi receosa, pensando que fosse uma emergência.

— Alô, mãe? O pai já saiu para trabalhar? — disse a voz do outro lado do fio. Meu filho que vivia em Tóquio resolveu ligar para seu pai para cumprimentá-lo e agradecer pelos longos anos de dedicação e esforço. Aquele era seu último dia de trabalho, antes de se aposentar.

Fiquei profundamente emocionada vendo o rosto feliz do meu marido ao atender aquele telefonema inesperado. Como pode um gesto tão pequeno e simples fazer uma diferença tão grande, pensei, e fiquei ouvindo o diálogo dos dois.

Mal percebera que meu filho havia crescido e se tornado um adulto com sensibilidade e consideração para com as pessoas. Agradeci em pensamento por ter um filho tão carinhoso e uma família tão unida.

4 Mamãe, não chore

Leitora de 31 anos, província de Kanagawa

— Mamãe, por favor, não chore...

No dia em que o divórcio foi oficializado, chorava sem conseguir me controlar, e pedia aos meus filhos que me perdoassem. O menor de 4 anos trouxe uma toalha e começou a enxugar meu rosto, tentando me consolar.

— Mamãe, não chore. Eu estou com você. Estarei sempre junto, e enxugarei seu rosto.

Apesar da tristeza, ele sorria e esfregava a toalha na minha bochecha. Seu gesto tocou fundo o meu peito e deu forças para me reerguer.

Com o apoio dos meus filhos consegui superar os momentos mais difíceis. Três anos se passaram desde que me divorciei. Hoje, meu filho menor está cursando o ensino fundamental. Sem deixar transparecer a tristeza de não estar junto com o pai, eles conversam comigo sempre sorridentes. São o tesouro da minha vida. Prometi nunca mais subestimar o sentimento das pessoas.

5 Amigo nas horas difíceis

Leitor de 15 anos, província de Ibaraki

Quando comecei a frequentar o ensino médio, fui transferido para outra escola. Sempre fui péssimo em fazer amigos, e era difícil me enturmar na classe. Vivia isolado. Assistia as aulas, almoçava, estudava, e voltava para casa sozinho.

Um dia, na hora do almoço, abri o lanche que minha mãe tinha preparado, mas não encontrava *hashi*. Procurei por toda a parte mas nem sombra dele. Fiquei desnorteado, e morto de fome. Nisso, um colega de classe se aproximou e percebeu meu estado alterado. Envergonhado, expliquei a situação.

— Sempre trago um par extra. Se não se importar, pode usar esse *hashi* — disse, e ofereceu um que carregava consigo. Fiquei tão feliz, não tanto pelo *hashi*, mas pela amizade que se formava naquele momento. A partir desse incidente, começamos a almoçar juntos e passávamos o intervalo na companhia um do outro.

Jamais imaginei que me sentiria tão grato à minha mãe e pela sua distração. Sem querer, ela preparou o caminho para que eu encontrasse um amigo num momento de apuros.

6 Memórias da alameda das cerejeiras

Leitora de 41 anos, província de Saitama

Quando trabalhava como enfermeira, cuidava de um paciente de 50 anos que sofria de mieloma múltiplo. A contagem de leucócitos consideravelmente baixa tornava o risco de infecção extremamente alto, e o paciente tinha que permanecer isolado num quarto esterilizado.

— Quero sair... — repetia sempre quando ia vê-lo. A solidão de ficar preso num lugar escuro e silencioso o deixava bastante estressado.

Num dia de primavera, quando as cerejeiras estavam em plena floração, levei-o numa cadeira de rodas para passear pela alameda de flores. Seu estado havia melhorado e o médico havia permitido uma breve saída. Porém, quando retornei, tive uma recepção fria das enfermeiras que acharam imperdoável o meu procedimento. Fiquei deprimida e tomada por um sentimento de culpa.

Algum tempo depois ele faleceu. Mais tarde, sua esposa veio ao hospital para me agradecer e me mostrou o diário que seu marido mantinha durante o período que esteve internado. "Hoje saí para ver as cerejeiras em plena floração. Como me senti feliz! Por alguns momentos consegui até esquecer que estava doente." Com letras trêmulas ele havia registrado sua alegria, deixando um precioso legado para sua esposa poder superar os momentos difíceis que passaria sem a sua presença. Depois de ler o diário, nos abraçamos e choramos juntas.

Aprendi com ele uma lição inestimável. Embora os exames sejam importantes, nunca devemos cuidar do paciente baseando-se apenas em números e deixar escapar as coisas realmente valiosas.

7 Crianças: nosso maior tesouro

Leitora de 63 anos, província de Osaka

Trabalhar na horta de tomates e pepinos era a maior alegria para tia Kimiko. Acordava cedo e passava horas preparando o solo, plantando, adubando, e cuidando das verduras como se fossem suas filhas. Mesmo assim, quando alguém as roubava, ela não se importava. Pelo contrário, ficava feliz em saber que as pessoas gostavam de comer os legumes produzidos em sua horta.

— Tia, vamos pulverizar os vegetais com farinha de trigo e deixar um aviso numa placa: 'cuidado, agrotóxico' — eu lhe dizia, dando dicas para prevenir contra os roubos, mas ela simplesmente sorria e retrucava.

— Não devemos assustar as pessoas. Elas levam porque gostam dos tomates e dos pepinos que eu planto.

Alguns dias depois, a vizinha trouxe seu filho pequeno para se desculpar e o recriminava na frente da tia Kimiko por ter roubado os legumes. Vendo-o cabisbaixo e calado, tia Kimiko acariciou a cabeça do menino e disse para sua mãe:

— As crianças são um tesouro. Não deve censurá-lo tanto, senhora. Seu filho é um bom menino, não é mesmo?

O garoto começou a chorar alto escondendo o rosto no peito da mãe:

— Sou um menino mal-educado e ruim. Tomates e pepinos, me perdoem. Desculpe-me, senhora, nunca mais vou roubar os legumes. Vou me tornar um bom menino, por isso, me desculpe. Olhando as costas da criança que soluçava, tia Kimiko disse:

— Foi como eu pensei, ele é um bom menino.

166

8 Quanta gentileza num só dia

Leitora de 36 anos, província de Aichi

Viajava com meu filho de 1 ano. Para transferir de um trem para outro, tinha que descer uma longa escadaria. Segurei a criança no colo e dobrei o carrinho de bebê. Nisso, uma senhora de meia idade se aproximou e ofereceu para ajudar e me acompanhou até a outra plataforma. Quando o trem chegou, uma jovem estudante se prontificou a carregar as minhas bagagens e as acomodou dentro do vagão. Como já era final da tarde, era justamente o horário das pessoas voltarem do trabalho e das escolas. Vendo-me de pé no trem lotado, com meu filho nos braços, um rapaz universitário se levantou e cedeu o lugar.

"Quanta gentileza num só dia", pensei, e desci do trem emocionada.

Passaram-se três anos. Até hoje me recordo, cheia de gratidão, da cortesia que recebi de tantas pessoas que nem ao menos sei como se chamam ou o que fazem na vida.

9 Portal da felicidade: sorriso e palavras meigas

Leitora de 41 anos, província de Miyagi

Após ter me divorciado, mudei para a casa dos meus pais com meu filho ainda pequeno. Não queria que soubessem que meu casamento terminara em fracasso e por isso vivia reclusa, evitando contato com os vizinhos. Porém, tinha que sustentar meu filho, e por isso arrumei um emprego de meio período para trabalhar como garçonete num restaurante.

Apesar de ter pedido aos meus superiores que mantivessem a minha situação em segredo, rumores infundados começaram a circular e os funcionários mais antigos passaram a me importunar com perguntas indiscretas. Mesmo assim procurava sempre sorrir e interagir com todos sem fazer discriminação. A implicância chegou a tal ponto que acabei tendo um colapso nervoso e chorava escondida no banheiro.

Uma senhora que trabalhava junto se aproximou e me consolou.

— Não deve chorar. Você nada fez de errado. Há muitos casais que vivem com problemas mas não têm coragem de se separar. Você saiu de casa com um filho pequeno, e batalha para criá-lo com decência. Deve sentir orgulho de si. Uma mãe tem que ser forte.

Fiquei muito feliz e ao mesmo tempo agradecida. Ao saber do ocorrido, a pessoa que espalhava os boatos veio me pedir desculpas.

— Não sou casada e nem tenho filhos. Vendo que você está sempre sorridente, senti inveja, e agi de forma imperdoável. Por favor, me perdoe.

Depois desse incidente nos tornamos amigas. Foi uma experiência dolorosa mas ela me ensinou que devemos sorrir sempre e dirigir palavras amáveis principalmente quando enfrentamos dificuldades.

Algum tempo depois, casei-me novamente e quando tive o segundo filho, deixei de trabalhar. Ainda hoje mantenho contato com as colegas do restaurante.

— Quando seus filhos crescerem, vamos trabalhar juntas de novo, — dizem.

Palavras gentis e sorrisos abrem o portal para a felicidade.

10 Forças que emanam de um gesto cortês

Leitora de 62 anos, província de Oita

Duas vezes por mês visito uma casa de repouso para dar aulas de caligrafia. Meus alunos são treze idosos, homens e mulheres, entre 70 e 90 anos. Quando chego, eles me rodeiam felizes e conversam sem parar. Mal tenho tempo de ensinar caligrafia, pois sentem uma necessidade enorme de ter alguém que ouça o que eles têm para dizer.

Dentre os idosos há uma senhora que nunca recebeu visita de seus familiares. Um dia ela sentou-se do meu lado, afundou a cabeça grisalha no meu peito e desabafou chorando.

— Seu sorriso carinhoso é que me dá forças para viver mais um dia. Por favor, não deixe de nos visitar. — Juntou suas mãos deixando as lágrimas escorrer pelo rosto enrugado.

Cada um tem seus dramas. Jamais esqueço que devo tudo o que sou aos meus pais e às pessoas que hoje são idosas. Deixei a casa de repouso com esperança de que os filhos se lembrem que suas mães e seus pais aguardam todos os dias uma visita ou ao menos uma carta perguntando se estão bem de saúde. Quanta alegria um pequeno gesto de consideração poderia trazer a um coração tão solitário...

11 O encontro maravilhoso num dia de nevasca

Leitora de 32 anos, província de Hiroshima

Há cinco anos, meu filho de 2 anos e meio foi diagnosticado com um problema no cérebro. Levei-o a um centro de tratamento, e quando a sessão de reabilitação terminou, chamei um táxi. Estava grávida de oito meses, e apesar da nevasca fiquei aguardando na entrada da clínica com meu filho doente. Assim que o carro encostou, entramos no táxi e agradeci por ter atendido o chamado. O motorista, porém, disse que ele apenas calhou de passar por lá; não era o que tinha atendido o nosso chamado.

— Já que embarcamos, pode seguir viagem — eu disse, ao que o taxista retrucou:

— Mas o táxi que você chamou está se dirigindo para cá. Está nevando muito e você está grávida. Fique dentro do carro.

Assim que o outro chegou, eu e meu filho trocamos de táxi. O primeiro motorista sorriu e foi embora.

Foi um acontecimento de poucos minutos, mas esse encontro tão maravilhoso ficará gravado dentro de mim, durante muito tempo.

12 Pequenos gestos de solicitude

Leitor de 59 anos, província de Yamagata

Trabalho na construção civil. Tento me dedicar ao máximo para satisfazer os clientes, não só na entrega de um edifício construído, mas na organização, disposição e arranjo dos materiais, higiene, limpeza e segurança durante a construção da obra. Como em todos os outros ramos, num trabalho em equipe o importante é preservar a harmonia e a camaradagem entre os funcionários.

Porém, após um dia de serviço árduo, todos queriam voltar para casa apressados. Os jovens trabalham bem mas não gostam de organizar, limpar o local da obra, e conferir os materiais depois de encerrado o dia. Procurei fazer com que entendessem que não devemos subestimar esses detalhes, mas chamar a atenção duas ou três vezes era o limite. Por fim acabava executando essa tarefa sozinho. Apesar de ser o mais velho da turma, voltava para casa sempre mais tarde, depois de terminar a limpeza, organizar os materiais e verificar se havia estoque suficiente para continuarmos o trabalho no dia seguinte. Higiene e segurança são fatores imprescindíveis, mas havia pontas de cigarros espalhadas pelo chão.

Certo dia, um cliente visitou a construtora e comentou que o nosso canteiro de obras era totalmente diferente dos outros: não havia nenhum lixo espalhado, os materiais estavam sempre bem organizados, e a segurança era tal que não obstruía a passagem dos transeuntes. Acrescentou que estava muito feliz por ter contratado nossos serviços. Provavelmente ele havia checado o progresso do trabalho depois de termos voltado para casa. Ao ouvir esse comentário, os jovens começaram a se prontificar para fazer o trabalho que até então eu fazia.

Dias depois, no banquete de encerramento, diziam uns aos outros:

— Quando for construir minha casa nova, quero que mantenham o canteiro da obra limpo; não vamos mais fumar no local de trabalho, temos que separar o lixo e não deixá-lo espalhado.

Fiquei bastante satisfeito ouvindo a conversa dos jovens.

Seguiram-se muitos outros comentários favoráveis vindo dos clientes: "O local da obra é limpo, podemos confiar nessa empresa pois ela sabe o que faz". Essas opiniões se espalharam aumentando ainda mais o prestígio da construtora e hoje várias pessoas nos procuram querendo contratar nossos serviços.

Gestos simples podem gerar belos frutos quando a dedicação e honestidade são colocadas em prática.

13 Gentileza de duas crianças

Leitora de 26 anos, província de Fukushima

Fui ao supermercado perto de casa com meu filho pequeno. Era a primeira vez que fazia compras levando a criança. Com uma mão carregava a cesta dos ingredientes que havia comprado para o jantar e com a outra empurrava o carrinho de bebê. Havia uma fila enorme em todos os caixas. Escolhi a menor e me coloquei atrás de dois meninos de 7 a 8 anos que conversavam alegremente.

De repente, meu filho começou a chorar. Queria mamar. Tentava distraí-lo, mas chorava cada vez mais alto.
Enquanto meu desespero ia aumentando, percebi que os dois meninos começaram a cochichar. "Devem estar incomodados com o choro do meu filho", pensei, e já não sabia mais o que fazer. Nisso um deles falou, mostrando-se um tanto acanhado:

— Por favor, passe na frente, pois o bebê está chorando. Não estamos com pressa.

Foi uma surpresa, pois estava certa de que falavam mal de mim e do meu filho que chorava.

Agradeci várias vezes, e voltei para casa emocionada com a atitude tão solícita de duas crianças que encontrei por acaso num momento de desespero.

Hoje sou mãe de dois meninos. Quero educá-los para que meus filhos cresçam e sejam tão gentis quanto as crianças que me ajudaram no supermercado. Foi um acontecimento pequeno, mas de grande consideração.

14 O remédio mais eficaz

Leitora de 50 anos, província de Nagano

Tive que me internar por causa de uma doença cuja causa os médicos desconheciam. Com a condição física precária e o estado de espírito estarrecedor, passava os dias apreensiva, sem apetite, e mal conseguia dormir de noite.

Quando fui ao hospital, uma enfermeira me atendeu com um sorriso meigo e palavras carinhosas.

— Não se preocupe. Cuidaremos de você. Não precisa se afligir.

Durante o período que fiquei internada, a enfermeira sempre me visitou e me incentivava de forma bastante sutil para evitar que me sentisse pressionada. Em pouco tempo meu estado físico melhorou, recuperei o apetite e passei a dormir bem.

Quando tive alta, a enfermeira me cumprimentou com palavras confortantes e o sorriso costumeiro. Até hoje sinto-me profundamente grata pela consideração num momento difícil.

15 Lágrimas de alegria

Leitora de 29 anos, província de Tochigi

Meu filho está com 2 anos e 10 meses. Vive fazendo travessuras, e sempre bate a cabeça em quinas de mesas e nos brinquedos dos parques. Todas as vezes que se machuca, coloco um saquinho com gelo nos hematomas provocados pela batida.
Dias atrás, não me sentia bem do estômago e murmurei:

— Ai, que dor de barriga...

Em silêncio, meu filho foi até a geladeira, pegou o saquinho com gelo e o colocou na minha barriga. Como ele sabia que com isso, a dor passava, deve ter pensado que minha dor de estômago também iria melhorar.

Nunca falaria ao meu filho que não se coloca saquinho com gelo na barriga, mas deixei que me tratasse enquanto lágrimas de alegria escorriam pelo meu rosto.

Um filho tão carinhoso e com tamanho sentimento de consideração é um tesouro e um incentivo para dedicar ainda mais na educação da criança.

16 Minha filha favorita

Leitora de 65 anos, província de Fukushima

Desde que minha sogra passou a mostrar sintomas de demência, nossa vida se transformou numa agonia e assim continuou por vários anos. Ela me insultava, chamando-me de ladra. Sem conseguir entender que seu comportamento vinha da doença, fiquei tão deprimida que a pressão aumentou a tal ponto que acabei sendo internada no hospital.

Nessa ocasião, comecei a frequentar um grupo de estudos sobre *home care*. Seguindo o conselho dos instrutores, fiz uma pesquisa sobre os efeitos provocados pela doença e aos poucos pude entender o comportamento dos pacientes. Compreendi que as palavras maldosas não vinham da pessoa, mas da disfunção do cérebro causada pela demência. A irritação que sentia até então se transformou num sentimento carinhoso e maternal.

Durante os três últimos anos de sua vida, senti como se estivesse cuidando de um bebê. No dia em que ela completava 88 anos, toda a família se reuniu para comemorar seu aniversário num *onsen*. Ela olhou para mim e perguntou:

— Você é a enfermeira?

Caímos na gargalhada. Então eu lhe disse:

— Seus filhos se reuniram para comemorar seu aniversário. Como é bom ter filhos dedicados, não é mesmo? — ao que ela respondeu:

— Mas você é a minha filha favorita.

Meu coração se encheu de emoção. Apesar da doença, ela quis demonstrar a gratidão pelos cuidados que recebia.

Em meados de março, num dia quente e confortável, minha sogra descansava na varanda tomando sol enquanto eu arrancava as ervas daninhas do jardim. Cantava sua canção predileta, e me observava trabalhar. Comecei a acompanhar o ritmo da música batendo palmas. Logo, formáramos uma dupla perfeita.

Aquelas cenas ficaram gravadas na minha memória.

Na manhã seguinte, ela deu o último suspiro.

Hoje me arrependo por não ter entendido o estado em que ela se encontrava, quando surgiram os primeiros sintomas. Teria tratado com mais carinho e consideração desde o início da sua doença.

17 Confiança, a melhor terapia

Leitora de 47 anos, província de Aichi

Uma doença ou um ferimento faz a pessoa se tornar extremamente sensível, e os pequenos gestos ou as palavras simples podem provocar um grande impacto.

Dias atrás, senti uma dor abdominal e tive que fazer exame de colonoscopia. Nunca tinha feito aquele exame, e por isso estava nervosa e não consegui dormir na noite anterior. Teria que ingerir dois litros de laxante, mas a náusea me fez vomitar tanto que, no final, acabei indo para a sala de exame sem ter obtido o efeito esperado. Percebendo que eu tremia de nervosismo, o médico me acalmou.

— Parece que está muito ansiosa, mas não precisa se preocupar. Faremos o exame com calma.

Foram trinta minutos de agonia que pareceram horas. Mas durante todo o tempo, ele ficou conversando e me acalmando, e só assim consegui permanecer ali até que o exame terminasse.

Jamais esquecerei a sua consideração.

Minha filha mais velha quer ser terapeuta e está se preparando para o vestibular. É uma profissão cujo requisito mais importante é a relação de confiança mútua entre o profissional e o paciente.

Que ela se torne uma terapeuta capaz de apoiar os pacientes nos momentos difíceis assim como fez aquele médico. Esse é o meu desejo.

18 A consideração do taxista

Leitora de 62 anos, província de Gifu

Há 16 anos, a caminho de volta quando fui visitar uma amiga juntamente com minha filha, tivemos o infortúnio de nos envolver num acidente de automóvel. Minha amiga nos levava em seu carro até a estação quando o veículo da frente colidiu contra o outro que vinha da direção oposta. Por rebote, um deles bateu no nosso carro. Foi um acidente grave e os ocupantes foram levados para o hospital. Como minha amiga teve que permanecer no local para prestar depoimento, tivemos que ir a pé até a estação de trem.

No meio do caminho, um táxi se aproximou e parou.

— Vocês não estavam naquele carro que se envolveu no acidente? Subam, pois se forem andando perderão o trem — disse o motorista e nos levou até a estação.

— Quanto foi a corrida? — perguntei.

— Não foi nada. Vá logo!

Mal agradeci e o trem entrou em movimento assim que embarcamos.

Senti um alívio, mas nesse instante me lembrei que havia esquecido de anotar o nome da empresa do táxi para mais tarde procurá-lo e agradecer mais uma vez.

Ele se prontificou a nos ajudar apesar de não nos conhecer. Sua consideração ficará para sempre em nossos corações.

19 O incentivo

Leitora de 15 anos, província de Shizuoka

Sou uma estudante do oitavo ano do ensino fundamental mas não frequento as classes. Vou todos os dias à sala de conselhos onde me sinto mais a vontade. Lá tenho amigos com quem estudo.

No inverno do sétimo ano, pouco antes de passar para o oitavo, resolvi participar de uma "reunião pós-aula" que para mim, era um grande desafio. Teria que permanecer durante 15 minutos numa sala juntamente com pessoas desconhecidas, e isso me deixava muito ansiosa. Quando chegou o dia, estava tão nervosa que meu corpo tremia e não conseguia sair da sala de conselhos. Nesse momento, uma garota que ainda não conhecia, se aproximou e disse:

— Você é muito corajosa. Estarei torcendo por você. Tomara que dê tudo certo!

Suas palavras me acalmaram e me deram forças para dar o primeiro passo para quebrar a barreira que se formara entre mim e o mundo lá fora. Quase chorei de tanta emoção ao ouvir o incentivo e saber que alguém se preocupava comigo.

Foi assim que consegui permanecer na sala de aula durante 15 minutos. Quando voltei, minha amiga perguntou:

— E aí, como foi? Correu tudo bem? Puxa, como você se esforçou! Novamente, senti-me tão agradecida que quase chorei.

Hoje somos amigas inseparáveis; brigamos de vez em quando, mas para mim, sua amizade é um tesouro e quero preservá-la para o resto da minha vida. Sinto que agora conseguirei também interagir com outras pessoas, colocando em prática o espírito da consideração.

20 O remédio mais incrível do mundo

Leitora de 30 anos, Tóquio

Desde que nasceu, minha filha sofria de um severo eczema na pele. Seu rosto inflamava e ficava vermelho todas as vezes que coçava as mãos e os pés a ponto de sangrar. Levei a vários dermatologistas, mas o diagnóstico era sempre o mesmo. Os médicos a examinavam rapidamente, mal olhavam para mim e diziam:

— Ela tem dermatite atópica. Passe pomada.

A sensação de desolamento e os remédios sem efeito me deixavam exasperada. Cheguei até a pensar que o problema era hereditário e que a causa estava em mim. Isso me fazia sentir culpada e não conseguia conter as lágrimas todas as vezes que a criança se punha a coçar.

Porém, foi no dia do exame médico de 1 ano.

— Acho que minha filha tem dermatite atópica, coça muito e sofre..., — foi o que consegui dizer e me calei. O médico respondeu com voz calma e um sorriso no rosto.

— Imagino o trabalho que a senhora teve para criá-la até hoje. Mas ela é uma menina feliz por ter uma mãe tão dedicada, e cresceu bem. Meu filho também teve um eczema severo, mas agora está curado. Sua filha não tem dermatite atópica. Ela é saudável.

A tensão que me sufocava dissipou e em seu lugar, lágrimas rolaram sem parar.

Logo, ela completará 4 anos. Conforme disse o médico, apesar da pele delicada, ela está curada. Habilmente, ele diagnosticou a minha filha e prescreveu para nós duas o remédio mais incrível do mundo. Até hoje, sou profundamente grata àquele médico que, acima de tudo, soube compreender o meu estado de espírito e o de minha filha.

21 O pequeno bilhete alivia a dor do coração

Leitor de 66 anos, Quioto

Em qualquer época, um ambiente muito atarefado é o local de trabalho da escola. Principalmente, quando se é professor do ensino fundamental, ele tem que lutar contra o tempo para cumprir as várias obrigações, não só lecionando, mas orientando os alunos nas atividades esportivas, participando de reuniões, e mantendo um relacionamento com seus pais. É quase impossível voltar para casa e jantar com a família. Adolescentes que entram na puberdade enfrentam problemas quando o desenvolvimento emocional e o físico não se ajustam. Sofrem com preocupações desnecessárias; o relacionamento com os colegas e o meio ambiente é sempre complicado.

O professor encarregado de uma classe, obviamente, não pode negligenciar o ensino das matérias. Além disso, precisa estar sempre atento ao comportamento dos alunos, mantendo sempre um diálogo para poder detectar indícios, se houver, de alguma dificuldade iminente.

Quando solteiro, participava também das atividades esportivas após o término das aulas de seis horas. Depois que os alunos iam para casa, preparava os materiais didáticos e selecionava os temas a serem discutidos nas reuniões. Voltava para casa todos os dias depois das 21 horas. Hora-extra fazia parte do trabalho cotidiano. Certa vez, saí para visitar os pais de um aluno que tinha criado problema na classe. Retornei à escola altas hora da noite, esgotado e com fome, e eis que vejo um bilhete sobre a minha escrivaninha.

— Meus cumprimentos pelo trabalho competente que desempenha todos os dias. Cuide-se e procure descansar um pouco. Tenho que ir embora antes de você chegar. Sinto muito. — Era a mensagem do diretor.

O ânimo redobrou. O bilhete me deixou tão feliz e entusiasmado que a fome e o cansaço desapareceram. Foi um gesto de cortesia que me ensinou que uma simples palavra pode incentivar ou desanimar o aluno exercendo grande influência no seu futuro.

Nunca me esqueço dessa dívida de gratidão.

Quando me tornei diretor administrativo, lembro-me que procurava não tomar cerveja antes das 21h. Jantava e me preparava para poder sair caso ocorresse algum imprevisto. Como fez o diretor sênior, ocasionalmente escrevia bilhetes e deixava na mesa dos professores. Com isso, ainda hoje mantenho laços com meus colegas de trabalho apesar de já estar aposentado.

Sou feliz.

22 Gesto de cortesia

Leitora de 40 anos, província de Ehime

Minha mãe e meus filhos sofrem com problemas de saúde, e frequentemente tenho que chamar um táxi para levá-los ao hospital perto de casa. A primeira coisa que faço ao entrar no carro, é me desculpar.

— O senhor me perdoe mas é um trajeto curto.

Muitos motoristas se mostram insatisfeitos.

Um dia, como sempre, disse o destino e acrescentei:

— É perto, desculpe.

Porém dessa vez o motorista me surpreendeu com uma pronta resposta:

— Senhora, não precisa se desculpar. Com uma viagem até o hospital a senhora paga 550 ienes. Onde se consegue ganhar 550 ienes por cinco minutos de trabalho? Suba no táxi e não faça cerimônia.

Foi a primeira vez que recebi um tratamento tão gentil de um taxista. Senti-me tão grata que mal encontrei palavras para agradecer. Por menor que seja, um gesto de cortesia sempre traz alegria em nossos corações.

23 Que família maravilhosa!

Leitor de 64 anos, província de Nagano

No verão de 1983, fui transferido para trabalhar numa cidade longe de casa. Era encarregado do controle da primeira linha na companhia ferroviária, um serviço extenuante que não permitia tirar folga nos fins de semana. Tive que passar o final de ano longe da família.

Uma noite, após o pico do Ano Novo, estava ainda trabalhando nas ferrovias quando vi um adolescente descer do último trem com uma grande mochila nas costas. Ele permaneceu alguns instantes parado na plataforma. A neve fria caía. Caminhei para perto dele e levei um susto. Era o meu filho de nove anos!

— O que aconteceu? — perguntei.

Quase chorando, ele respondeu:

— Como você não volta nunca, pai, pedi para a vovó e a mamãe prepararem *onigiri*. Estava muito preocupado, sem saber se estava se alimentando, ou se não estava doente, e então decidi vir para cá.

— Sou um pai tolo que só pensa no trabalho. Não pude voltar e nem telefonei, desculpe, desculpe. Estou muito feliz. Obrigado, meu filho, obrigado...

Abracei-o com força e comi os *onigiris* com a garganta apertada e lágrimas que rolavam misturando-se com a neve.

Que família maravilhosa!

24 A consideração do professor

Leitor de 73 anos, província de Gunma

Tinha passado para a oitava série do curso elementar. Após encerrada a cerimônia do início das aulas, o diretor anunciou os professores responsáveis pelas classes. Em meio a ansiedade e insegurança, ouvimos o nome do instrutor que se incumbiria de ensinar a língua japonesa para a nossa turma. Um zumbido de vozes de decepção e constrangimento encheu o local — era o professor mais rigoroso da escola.

A primeira aula começou com a leitura de um texto. Um aluno foi indicado, mas era justamente um menino que ficava em pânico todas as vezes que era apontado para fazer uma leitura. Ele se levantou mas permaneceu em silêncio com o livro nas mãos. Seu colega que sentava ao lado explicou que o garoto não sabia ler. O professor simplesmente ignorou tal comentário, e insistiu que lesse até onde pudesse.

Em meio à atmosfera tensa, o representante da classe protestou:

— É desperdício de tempo. Será que poderia continuar com a aula?

Com uma postura calma, o professor mandou o menino sentar, e ordenou a todos que fechassem o livro.

— Ouçam! Como podem permanecer indiferentes vendo que um colega de vocês não consegue ler, apesar de ter estudado durante oito anos? Vão abandoná-lo e querem que eu prossiga com a aula? Não seria egoísmo? Estudar não é responder tudo certinho. É entender algo que vocês desconheciam e ser capaz de fazer aquilo que vocês não conseguiam. É para isso que existe a escola. O grupo de vocês é uma família. Se um dos membros adoece, todos devem ficar preocupados, não é mesmo? Querem que eu prossiga ignorando o colega que não consegue ler?

Falou em tom severo. Todos ouviam calados.

Depois disso, o professor não abrandou o método de ensino. Na hora da leitura, sempre indicava esse mesmo aluno. A sua determinação e a nossa paciência se chocavam, deixando o garoto ainda mais exasperado.

Um dia, aparentando muita raiva, o menino desabafou.

— Vou esperar o dia da formatura para dar uma lição nele!

As aulas continuaram, e aos poucos esse aluno começou a ler, duas linhas, três linhas, e assim foi aumentando. O professor o elogiava, sempre incentivando. Esperávamos pacientes o término de cada leitura.

Na última aula do ano, o professor disse:

— Hoje encerramos as aulas da língua japonesa do ensino obrigatório. Quero que coloquem em prática o que aprenderam e aproveitem ao máximo para seguir o caminho que vocês vão escolher daqui para a frente. Cada grupo de três pessoas lerão o texto completo, mas vou dar prioridade aos voluntários. Alguém quer ler?

Depois de um momento de silêncio, levantou-se uma mão. Que surpresa! Era o menino que tinha jurado vingar-se do professor. Ele leu mais de duas páginas, relia onde errava, mas continuou lendo. Dali a pouco ouviu-se a voz do instrutor.

— Muito bem, até aí.

Não se sabe quem começou, mas todos aplaudiram.

Sem sorrir, o menino voltou ao seu assento e deu um grande suspiro.

Cinco anos depois, encontrei-me com esse aluno na cerimônia dos 20 anos. Disse estar administrando uma lavanderia. Falamos sobre a época da oitava série do curso elementar.

— Você disse que ia se vingar do professor. O que pretendia fazer?

— Chamaria à beira da piscina fingindo que ia tirar uma foto, e o empurraria dentro da água. Hoje, o professor é o meu cliente preferencial. Graças a ele não passo necessidade e sinto muita gratidão. No ano passado acabei confessando ao professor sobre a retaliação, — disse rindo, e recordamos juntos os tempos felizes que não mais voltariam.

Aprendemos com o professor uma lição maravilhosa sobre a verdadeira consideração.

Conheça outros títulos da

Um caminho de flores – 75 histórias para mudar sua vida
Kentetsu Takamori

"A menos que se avance um passo, ou meio passo mais que ontem, não se viveu de fato o dia de hoje."

Sementes do coração — Aqui está o segredo da sua força
Kentetsu Takamori

"É preciso semear sempre. É tolice pensar na colheita sem ter semeado."

Educar com sabedoria – 20 histórias para aprender e ensinar
Kentetsu Takamori

Obra que trata de temas como humildade, gratidão e honestidade. Uma pausa para reflexão é o primeiro passo para grandes mudanças.

A História de Buda em mangá
Hisashi Ohta

Acompanhe o príncipe Sidarta em sua busca pela verdade, abandonando a vida palaciana para encontrar a espiritualidade e o verdadeiro sentido da vida.

Por que vivemos
Kentetsu Takamori

Textos que discutem de forma prática a natureza humana e o objetivo da vida sob o ponto de vista da filosofia oriental.

Mestres do Oriente
Hisashi Ohta

Dez narrativas inspiradas em fatos históricos da China e do Japão, contendo valiosas lições de ética e sabedoria cotidianas.

A bagagem dos viajantes – Histórias de ética e sabedoria
Koichi Kimura

Narrativas inspiradas em provérbios, fábulas, biografias e histórias clássicas chinesas e japonesas. Um tesouro para o cotidiano.

De mãos dadas no caminho
Koichi Kimura

Narrativas que se fundamentam em senhores feudais e samurais, monges e filósofos, poetas e cineastas para demonstrar o amor infinito dos pais e a retribuição dos filhos.